singular

# OLÚFẹ́MI O. TÁÍWÒ

# EL SAQUEO DE LAS ÉLITES

Cómo los poderosos se apropiaron de la política
de la identidad (y de todo lo demás)

Prólogo de **Elizabeth Duval**

siglo veintiuno
editores

archipiélago
**siglo veintiuno**

**españa**
siglo xxi editores
www.sigloxxieditores.com
travesía bellver, 2, 28039, madrid

**argentina**
siglo xxi editores
www.sigloxxieditores.com.ar
guatemala 4824, c1425bup, buenos aires

**méxico**
siglo xxi editores
www.sigloxxieditores.com.mx
cerro del agua 248, coyoacán, 04310, ciudad de méxico

© 2025, Siglo XXI de España Editores, S.A.
Travesía Bellver, 2 - 28039 Madrid
Tel (34) 676 22 28 70
editorial@sigloxxieditores.com
www.sigloxxieditores.com

Diseño de interior: Sebastián Sánchez Yáñez
Diseño de cubierta: Estudio Pep Carrió

1ª edición en España: noviembre de 2025

ISBN: 978-84-323-2162-7
Depósito legal: M-20520-2025

Impreso en España. *Printed in Spain.*

# Índice

# Prólogo

Las ratas *woke* están saltando del barco.
**Santiago Abascal**

Bienvenidos a los tiempos del *pendulazo*. Es una de las expresiones favoritas de la nueva derecha o *alt-right* afincada en redes sociales como X: si hace un tiempo hablábamos —y aún hoy seguimos hablando— de una ola reaccionaria, el pendulazo comparte con esta la metáfora cinética, su idea de inevitabilidad. Aquello que sube, baja; o con toda acción ocurre siempre una reacción igual y contraria. Si la ola reaccionaria hacía referencia a la derechización del discurso político, al comienzo de la crítica más tosca a las «derivas de lo *woke*» —crítica, como el concepto mismo, importada de Estados Unidos en los primeros compases del único mandato de Joe Biden—, el pendulazo, para sus adeptos, es el síntoma de una hegemonía cultural nueva, vigorosa y viril aprendida casi en términos gramscianos. La cara oscura del péndulo, nos dirían, ha sido capaz de aguantar los envites de una cultura liberal-progresista que alcanzó su apogeo a mediados de la década de 2010: década ominosa absorta en la diversidad corporal, funcional, en las sexualidades disidentes, los pelos de colores y la destrucción de todo anclaje al mundo. En el mundo nuevo, es decir, en el mundo pospendulazo, esa progresía va a *mamar* conservadurismo cultural porque los valores tradicionales, como anunció su líder, *van a ganar tanto que hasta se van a cansar de ganar: van a ganar como no han ganado nunca.*

Esa es *una* historia, por supuesto: la de la corrección de los excesos de una cultura *woke* desaforada. En *El saqueo de las élites. Cómo los poderosos se apropiaron de la política de la identidad (y de todo lo demás),* Olúfẹ́mi O. Táíwò propone otro análisis, seguramente más complejo y útil, elaborado antes de que llegara el segundo mandato de Trump, sobre qué ha sucedido, particularmente en Estados Unidos, con la política de la identidad y cómo esta se ha transformado desde sus orígenes. Las lecciones que pueden extraerse de este ensayo no sirven exclusivamente para quien quiera hacer política comparada o interesarse por las raíces del segundo *trumpismo*: también hemos tenido, en España, nuestros momentos de reflexión sobre la política de la identidad. Aunque el autor se haya alejado hoy de varios de sus planteamientos, quizá uno de los libros más relevantes para la conversación pública sobre esta cuestión sea *La trampa de la diversidad. Cómo el neoliberalismo fragmentó la identidad de la clase trabajadora,* obra de Daniel Bernabé publicada por Akal en 2018. La tesis, desde una autoproclamada «literatura de combate», era que la izquierda había renegado de la lucha de clases y las políticas de redistribución para centrarse casi exclusivamente en las políticas del reconocimiento y en las identidades culturales. Lo habría hecho por culpa de un mecanismo de captación, en algún sentido similar y a la vez radicalmente distinto al que señala el ensayo de Táíwò, mediante el cual el neoliberalismo imprimiría su lógica perversa en los movimientos feministas o promulgaría, a través de lo *queer*, identidades líquidas y fácilmente comercializables, vendibles al mejor postor.

El ciclo del primer Gobierno de coalición progresista en España fue también el de todo un discurso que algunos identificaron como propio de la *izquierda rojiparda*, aleación de obrerismo con nacionalismo, en algunos casos, o con ciertas formas de conservadurismo moral y cultural. En 2021, el Gobierno de España invitó a la escritora Ana Iris Simón, autora del muy exitoso libro *Feria*, publicado por Círculo de Tiza a finales de 2020, a un acto sobre el reto demográfico. Quizá fuera ese el momento de mayor protagonismo de esta tendencia, que consideraba la inmigración como «el robo de mano de obra a quienes antes robábamos el oro» o afirmaba sobre las mujeres que «igual no tendríamos que haber reclamado trabajar también nosotras a cambio de un salario, sino que [los hombres] trabajaran menos». Más allá de la presencia hoy generalizada en la élite cultural, el columnismo o las tertulias de quienes han orbitado en torno a eslóganes así en los últimos años, se trata de una postura que en España no ha tenido una articulación política concreta. Han circulado en el PSOE argumentarios antiteoría *queer*, parte de la izquierda ha comprado una deriva putinista o feministas históricas como Amelia Valcárcel han llegado a hacer campaña por el Partido Popular, pero curiosamente esta conversación ha sido hasta hoy mucho más de las élites que del pueblo. De esa dicotomía entre lo que a la élite pertenece y lo que del pueblo es, y de esa relación de propiedad o desposesión, escribe precisamente Táíwò. Pero él la aborda, y esto no satisfará a algunos, para restituir el potencial político que a la identidad le ha sido arrebatado. El origen de la política de la identidad, según se cuenta en las páginas de este ensayo, no tiene nada que ver con parches estéticos, apropiaciones simbólicas o declaraciones performativas: está mucho más ligado, a través de su popularización por el Combahee River Collective, a la creación de coaliciones diversas, de identidades muy diferentes, unidas por sus problemáticas comunes; no muy lejos de la aspiración al pan, al techo y al trabajo. La misión no es huir de la identidad, porque el problema no es la política de la identidad en sí misma: es «el creciente dominio de los intereses de las élites y su control sobre los aspectos fundamentales de nuestro sistema social». Como escribe el propio Táíwò: «El problema no es solo que lo *woke* sea demasiado blanco, sino que *todo* lo es».

Partiendo del análisis de cómo el campo académico de los estudios negros llegó a convertirse, en palabras de Stephen Ferguson II, en «un engranaje burocrático de la maquinaria académica, controlado por personal administrativo y directivo, y prácticamente sin participación democrática por parte de los estudiantes ni de la comunidad negra de clase trabajadora», Táíwò expone la manera en que las élites han logrado imponer sus intereses e inmiscuirse en movimientos y organizaciones políticas con vocación transformadora que aspiraban a la liberación para apoderarse de ellos. Desenredando las consecuencias de esta reapropiación, Táíwò da con unos cuantos conceptos extraordinariamente útiles: resulta muy provechoso su análisis, que supone una importante aportación a la tesis que Mark Fisher desarrolló en su célebre texto del castillo del vampiro, sobre cómo el auge de las redes sociales nos ha llevado a «gestionar relaciones y reputaciones, ganar influencia o frustrar los intentos ajenos de ganarla, reforzar nuestro "bando" en disputas políticas (ya sea en el sentido amplio o en uno más limitado), obtener recursos y recompensas, evitar castigos y contratiempos», en lugar de articular políticas realmente transformadoras. También es sugerente cuando subraya cómo, aparte de todo lo demás, las élites han logrado apropiarse de nuestras conversaciones. Y la crítica a lo que Táíwò denomina «política de la deferencia» —la forma en que la élite ha transformado el objetivo inicial, disruptivo, transformador, de *cambiar el mundo de base*, en una discusión centrada, más bien, en quién *está* en ese mundo— es especialmente relevante en el momento actual. Cualquier persona que lea estas páginas encontrará una crítica interesante y problematizable de la *epistemología situada*, particularmente de su traslación al ámbito político: de la preocupación que aflora, en base a esta política de la deferencia, a la hora de «escuchar a los más afectados» o de «centrarse en los más marginados». La virtud de *El saqueo de las élites* está en su capacidad para hacer todo esto sin comprar ni por un momento la mercancía averiada de quienes intentan, a través de una pretendida preocupación por el estado actual de la izquierda, sacrificar a alguna minoría —la que sea—, como si a través de su sacrificio fueran a lograr alguna victoria.

«Debemos centrarnos en construir y reconstruir espacios, no simplemente en regular el tráfico dentro de ellos o entre ellos», escribe Táíwò. Y la única forma de conseguirlo es a través de alianzas amplias, coaliciones heterodoxas, ejercicios de *worldbuilding* que nos permitan sentar los cimientos del porvenir. Como escribe Carlos Corrochano, politólogo, traductor de este libro, también amigo, en su ensayo *Hacer mundo*, publicado por Lengua de Trapo y el Círculo de Bellas Artes en 2025, a veces la única forma de construir esos espacios será a través de coaliciones apofáticas, adversativas, más preocupadas por lo que tenemos enfrente que por las diferencias entre quienes nos damos la mano; alianzas capaces de reconocer a su vez —como señalaba Táíwò en su anterior ensayo, *Reconsidering Reparations*— de qué forma podemos ser buenos ancestros y preocuparnos tanto por la justicia como por nuestra deuda con quienes vendrán después. Como indica James Baldwin en una cita que Táíwò toma prestada, la unión sólo vendrá a través del reconocimiento de que las cosas que más nos atormentan son «las mismas que [nos conectan] con todas las personas que [están] vivas, o que [han] vivido en el pasado».

¿Por qué merece la pena leer este ensayo y por qué no tienen razón los profetas del pendulazo? Porque, como explica el autor en una entrevista de 2025 en Al-Jazeera, revisitando este libro, escrito en el momento Biden, desde el retorno de Trump puede verse que el éxito de la extrema derecha es también el éxito de una forma distinta de la política de la identidad, la de quienes «se proponen defender la América real frente a otros americanos»; la de quienes emplean una política de la identidad *a la ofensiva*, que presenta a determinadas identidades minoritarias como problemas que han de extirparse, como problemas para un *nosotros* desdibujado y no por ello menos identitario. Pero también porque el presente aporta indicios y esperanza: la estrategia que ha seguido la campaña electoral de Zohran K. Mamdani a la alcaldía de Nueva York ha sido, precisamente, la de responder a la apropiación de las élites, incluidas las del Partido Demócrata, no a través del sacrificio, sino con una coalición amplia, la centralidad absoluta del coste de la vida y el retorno del potencial multiplicador de las identidades; la identidad no como lastre neoliberal, sino como sed de victoria. En palabras del propio Táíwò: una política constructiva que tome la identidad como un pilar para edificar sobre ella la solidaridad. Hay que leer ensayos como *El saqueo de las élites* sobre todo para no equivocarnos cuando llegue el momento, más que de buscar culpables de nuestros fracasos futuros, de hallar soluciones y caminos para los aciertos que vendrán.

**Elizabeth Duval**

# Introducción del traductor
## *«Construir, construir, construir»*
**Carlos Corrochano Pérez**[1]

No hay razón para denostar como *identitaria* la política de
género si su objetivo último es crear el mundo en el que
todos queremos vivir.
**Judith Butler**, *¿Quién teme al género?*

Si algo ha de permanecer en la memoria, debe quedar
grabado a fuego: solo aquello que no deja de doler
permanece en el recuerdo.
**Friedrich Nietzsche**, *La genealogía de la moral*

### Pensar la identidad en tiempos de *antiwokismo*

Frente a la proliferación de libros, columnas,
entrevistas y pódcast que han abordado la política de
la identidad desde una representación más fantasiosa
que real, más paranoica que efectiva, Olúfẹ́mi O. Táíwò,
en *El saqueo de las élites*, opta por otra senda. Su apuesta es la de un pensamiento ferozmente anclado en las

---

1 Biografía: Carlos Corrochano Pérez (A Coruña, 1996) realiza sus
estudios doctorales en teoría política y relaciones internacionales en
la City University of New York (CUNY), con una beca de posgrado de
la Fundación «la Caixa». Ha trabajado previamente como asesor de
política internacional y europea en la Vicepresidencia Segunda y el
Ministerio de Trabajo y Economía Social, así como director de Gabinete en la Secretaría de Estado de Economía Social. Es coordinador
de *Claves de política global* (Arpa, 2024) y autor de *Hacer mundo*
(Lengua de Trapo / Círculo de Bellas Artes, 2025).

condiciones históricas inmediatas, heredadas, realmente existentes. Esta brújula del análisis político riguroso fue fijada por Maquiavelo al abrir *El príncipe* con una declaración de principios aún insuperada: «Siendo mi propósito escribir algo útil para quien lo lea, me ha parecido más conveniente ir directamente a la verdad real de la cosa que a la representación imaginaria de la misma». Cinco siglos después, las palabras del florentino no han perdido fuerza. La *verità effettuale della cosa* sigue siendo una aspiración urgente, aunque esquiva, y nunca tan necesaria como en tiempos de tumulto y transición, cuando más necesitados nos hallamos de categorías nítidas y abstracciones precisas.

Hoy, muchos de los fenómenos más característicos de nuestra coyuntura —el debate en torno a lo *woke,* las escisiones rojipardas o el ascenso de los populismos autoritarios— remiten, de formas distintas y a menudo contradictorias, a un mismo campo de disputa: el de las nociones identitarias. Que nadie se equivoque: la identidad, como fenómeno complejísimo y omnipresente, bien merece ese torbellino de reflexiones. Y es que, históricamente, la identidad nunca ha significado lo mismo para todos; es más: ha desbordado de forma constante los marcos tradicionales del espectro ideológico. En este punto puede ser útil recuperar una distinción clásica del filósofo Paul Ricœur: la diferencia entre *mismidad* e *ipsidad.*

La mismidad responde a la pregunta: «¿qué somos?». Es la identidad concebida como algo dado, fijo, biológico: el origen, el ADN, la herencia. Es la identidad que fantasea la derecha —y también cierta izquierda obrerista—: *ius sanguinis,* esencialista, inmóvil, determinada por el nacimiento. La ipsidad, en cambio, formula otra pregunta: «¿quiénes somos?». Y en ese «quién» caben la transformación, el conflicto, la experiencia, la reivindicación de que no somos lo que heredamos, sino lo que hacemos con eso. Así, en pleno avance reaccionario, frente a la magnitud paralizante de la crisis climática y la clausura de horizontes colectivos, la identidad se ha convertido en un terreno privilegiado de la contienda política, atravesada por la tensión entre la mismidad que paraliza y la ipsidad que transforma.

Este binarismo recorre, como un hilo subterráneo, los últimos cuatro siglos de debates sobre identidad, universalismo y emancipación. Desde sus orígenes, la noción de ciudadanía que emergió en la Europa moderna se articuló en torno a un ideal universalista que, bajo la promesa de igualdad, escondía exclusiones muy concretas. El ciudadano era presentado como una figura abstracta, supuestamente despojada de atributos particulares. Pero en realidad esa abstracción tenía un rostro blanco, cristiano, masculino y, con frecuencia, propietario. Durante la Revolución Francesa, la Declaración de los Derechos del Hombre y del Ciudadano proclamó, en teoría, la igualdad de todos los individuos. En la práctica, sin embargo, su universalismo era profundamente condicional: la emancipación de los judíos, por ejemplo, estaba supeditada a la renuncia a sus formas colectivas de vida.[2]

---

2 Estas tensiones fueron abordadas desde sus inicios por la tradición socialista y comunista. En su ensayo de 1844 *Sobre la cuestión judía*, Karl Marx distinguió entre «emancipación política» —la obtención de derechos en el marco del Estado liberal— y «emancipación humana» —una transformación radical de las condiciones materiales que generan desigualdad y alienación—. Para Marx, los derechos liberales privatizaban la diferencia sin alterar sus causas estructurales. Supo

Casi dos siglos después, en 1977, el manifiesto fundacional del *Combahee River Collective* —ampliamente analizado por Táíwò— reconstruyó el vínculo entre emancipación e identidad desde otro ángulo. Este colectivo estadounidense, formado por feministas negras *queer* y socialistas, se constituyó en el contexto de las luchas por los derechos civiles, el feminismo de segunda ola y el ascenso del movimiento LGTB+, pero también como respuesta crítica a sus límites. Tomaron su nombre de una operación de liberación de esclavos liderada por Harriet Tubman en 1863 a orillas del río Combahee, en Carolina del Sur, un gesto simbólico que enlazaba la memoria de la lucha abolicionista con la necesidad de una política que no dejase a nadie atrás.

Frente a un feminismo blanco que relegaba la cuestión racial, unos movimientos de liberación negra que marginaban el género y la sexualidad, y una izquierda

---

ver, con lucidez, los límites del reconocimiento liberal, pero pasó por alto algo crucial: que la identidad podía operar también como lenguaje del agravio, como forma de nombrar la exclusión y reclamar reparación. La política revolucionaria del siglo XIX aspiraba, al igual que el liberalismo, a un sujeto universal. Pero ese sujeto no poseía marcas visibles ni cuerpo concreto. Su supuesta neutralidad lo hacía, en realidad, ciego a las exclusiones que reproducía. Desde la propia tradición marxista se intentó corregir este estrechamiento. A modo de ejemplo, en los años cincuenta del siglo pasado, Cornelius Castoriadis alertó, en su clásico *Sobre el contenido del socialismo,* contra una concepción reducida del socialismo como mera planificación estatal: no bastaba con cambiar de dueño —del capital privado al Estado— si no se transformaban, al mismo tiempo, las instituciones simbólicas y culturales. El socialismo, afirmaba, debía ser ante todo una nueva forma de imaginar la sociedad. La distinción excluyente entre lo material y lo simbólico era, para Castoriadis, una falsa dicotomía que lastraba toda posibilidad de emancipación real.

socialista que desestimaba todo lo que no fuera clase, el *Combahee River Collective* propuso un enfoque entrelazado y no jerárquico, basado en la experiencia vivida de quienes sufrían múltiples formas de opresión simultáneamente. La «política de la identidad», en sus manos, era concebida como una forma rigurosa de pensar las estructuras de dominación de forma conjunta, sin subordinaciones ni exclusiones. Su manifiesto subrayaba que «si las mujeres negras fueran libres, significaría que todos los demás lo serían también», porque su liberación implicaba desmantelar todos los sistemas de opresión a la vez. En este sentido, fue un punto de partida indispensable para hacer posible la participación política de quienes históricamente habían sido invisibilizadas incluso dentro de los propios movimientos supuestamente emancipadores, y su legado continúa siendo central en los debates contemporáneos sobre interseccionalidad, solidaridad radical y transformación social.

Otra de las discusiones más influyentes sobre la política de la identidad fue el debate entre *redistribución* y *reconocimiento,* formulado por Nancy Fraser y Axel Honneth. Ocurrió a comienzos de siglo, pero sigue representando las dos grandes posturas dentro de las izquierdas que abordan con seriedad lo identitario: de un lado, Fraser y su vinculación indistinguible entre redistribución y reconocimiento; del otro, Honneth y su postulación del reconocimiento como fundamento último de toda reivindicación de justicia. Fraser fue una de las primeras en diagnosticar un giro estructural en la trayectoria reciente de los movimientos sociales: el desplazamiento del eje económico hacia demandas centradas en el reconocimiento, el estatus y la identidad. Sin caer en el viejo economismo del movimiento obrero, advirtió contra su reverso simétrico un culturalismo que descuida las persistentes desigualdades materiales. Frente a esta disyuntiva, propuso una vía «dualista», en que toda forma de injusticia combina dimensiones económicas y simbólicas, dimensiones que el capitalismo ha sabido fragmentar sin resolver. Desde esta premisa, Fraser articula su principio normativo de «paridad de participación», es decir, toda persona debe estar en condiciones —materiales e intersubjetivas— de participar como igual en la vida social. No toda identidad, sin embargo, merece ser reconocida: la legitimidad de una demanda radica en su capacidad para fundamentar relaciones de equidad en marcos sociales más amplios.

Honneth, por su parte, cuestiona este dualismo desde una perspectiva «monista». Para él, toda injusticia es, en última instancia, un déficit de reconocimiento, una forma de daño moral que vulnera las condiciones necesarias para el respeto, la dignidad y la autorrealización. Aunque no niega la existencia de desigualdades económicas, sostiene que incluso las luchas materiales se enraízan en una dimensión identitaria; lo que está en juego, en realidad, es el reconocimiento del valor social de quienes luchan.

En nuestra época, las discusiones en torno a la política de la identidad se enmarcan en un clima cultural marcado por la «hiperpolítica», un *ethos* que desborda las formas pospolíticas propias del «fin de la Historia» de los años noventa, y que se ve modelado por la lógica de las guerras culturales, el ruido constante y la visibilidad como única métrica de legitimidad. La hiperpolitización se articula en torno a identidades ofrecidas como productos de consumo, posicionamientos instantáneos y reacciones inmediatas, lo que cercena las posibilidades colectivas de transformación económica, política y social. A su vez, el paradigma hiperpolítico ha resultado ser un terreno fértil para el avance reaccionario que define buena parte de la última década. Y en esa reacción, el detonante no ha sido otro que el auge del movimiento transfeminista. Como sostiene Clara Ramas, el género se ha convertido en la «última trinchera de la identidad», en el «último principio de inteligibilidad de lo real», en ese «asidero final» al que aferrarse para saber quiénes somos y qué hacer cuando la destrucción creativa del capitalismo ha devastado y revuelto todos los mapas. Porque «ha habido reaccionarios que han sido más o menos capitalistas, más o menos religiosos, más o menos racistas, más o menos nacionalistas: pero, desde luego, *no ha habido jamás* un melancólico reaccionario que haya sido *feminista*. Es el hueso imposible de roer».

En este contexto, el debate público, intelectual y político se ha visto inundado por una auténtica avalancha de reflexiones que desmontan, interrogan o directamente caricaturizan la política de la identidad. Lo hacen a través de diferentes estrategias: importando de forma burda las categorías del debate estadounidense; a través de lamentos iconoclastas sobre el avance de lo «políticamente correcto»; con lecturas paupérrimas sobre cómo Foucault habría pervertido el propósito original de la izquierda; y no faltan las diatribas encendidas contra lo *woke*, convertido en el «significante vacío» por excelencia de la derecha radical contemporánea. Lo paradójico es que buena parte de estos textos se presentan como alegatos en nombre de una supuesta sensatez progresista, de un sentido común pretendidamente atemporal y desideologizado que se erige como un dique frente a los excesos atribuidos a la izquierda. Una sensatez que, sin embargo, rara vez resiste un análisis mínimamente riguroso.[3]

En medio de este ruido se hace evidente la necesidad de un ensayo como el de Táíwò. *El saqueo de las élites* ofrece una respuesta lúcida, rigurosa y certera a todos esos discursos que, bajo la apariencia de una preocupación honesta por la «deriva» de las izquierdas, terminan siendo funcionales a la ola reaccionaria.

Publicado originalmente el 7 de mayo de 2020 en la revista *Boston Review* como un extenso artículo titulado «Identity Politics and Elite Capture», el texto tuvo una acogida inmediata. Fue leído, compartido y debatido

---

3  Es el caso de la filósofa Susan Neiman, quien en *Izquierda no es woke* (Debate, 2024) sostiene que la política de la identidad ha sido colonizada por ideas que, paradójicamente, provienen de la derecha: escepticismo ante la razón ilustrada, rechazo del universalismo y una concepción excesivamente emocional de la política. También el de Élisabeth Roudinesco, biógrafa de Lacan —y rabiosa tránsfoba—, que en *El yo soberano* (Debate, 2023) denuncia cómo la «autoafirmación» se ha convertido en la consigna dominante de nuestro tiempo, una identidad entendida como repliegue en una experiencia única y excluyente, como «políticas de Narciso» basadas en el culto a un ego hipertrofiado. Otra figura central en este giro es Yascha Mounk, quien en *La trampa identitaria* (Paidós, 2024) advierte contra lo que llama una «síntesis identitaria». La superposición de posmodernismo, teoría crítica de la raza y una política de las emociones que, según él, habría desplazado todo atisbo de razón. Esta síntesis —resumida en consignas como «la ley es subjetiva» o «la neutralidad es política»— promovería, en su opinión, un «separatismo progresista» que cancela el disenso y sabotea el diálogo democrático. No todo, sin embargo, proviene de Estados Unidos. *La trampa de la diversidad: Cómo el neoliberalismo fragmentó la identidad de la clase trabajadora* (Akal, 2018), de Daniel Bernabé, ofrece una caricatura desfasada de los nuevos movimientos sociales y propone un retorno nostálgico —y, sobre todo, estéril— a viejas formas de antagonismo entre capital y clase.

ampliamente en los círculos intelectuales y militantes de la izquierda estadounidense, y el impacto fue tal que Táíwò decidió desarrollar y profundizar su tesis, publicándola dos años después como libro. Y no es para menos: *El saqueo de las élites* constituye una de las poquísimas críticas verdaderamente informadas —y políticamente bien orientadas— a ciertas derivas y reapropiaciones nocivas de la política de la identidad; una crítica elaborada desde una posición didáctica, propositiva, emancipadora, indudablemente comprometida con el cambio social y político.[4]

La tesis de Táíwò parte de una premisa elemental pero contundente:

> (…) estos tipos de compromiso político reflejan las preocupaciones sociales de los «blancos ricos» o de la «clase profesional-directiva». Y no están del todo equivocados. Pero se trata de un rasgo que la política de la identidad, el wokismo y otros movimientos similares comparten con *casi cualquier otro aspecto* de la vida: el creciente dominio

---

4 Por supuesto, *El saqueo de las élites* no es el único texto que ha abordado desde el pensamiento crítico y con lucidez la cuestión identitaria: otros casos son *Identidades mal entendidas* (Traficantes de Sueños, 2020), de Asad Haider, que critica una concepción individualista y despolitizada de la identidad, para proponer un «universalismo insurgente», una práctica de la solidaridad que abandone los «consuelos de la identidad»; *Los olvidados* (Bellaterra, 2022), de Antonio Gómez Villar, que desmonta con brillantez los delirios de la «izquierda obrerista»; o *Alianzas rebeldes: un feminismo más allá de la identidad* (Bellaterra, 2021), coordinado por Clara Serra, Cristina Garaizábal y Laura Macaya, una defensa de un feminismo no esencialista, que nos reúna no por quiénes somos sino por las ideas y proyectos que deseamos defender en común.

de los intereses de las élites y su control sobre los aspectos fundamentales de nuestro sistema social. Esto sucede porque las élites tienden a apropiarse casi todo en nuestro mundo social. En otras palabras: el problema no es solo que lo *woke* sea demasiado blanco, sino que *todo* lo es.

De este modo, Táíwò procura no caer en la caricaturización de los usos de la política de la identidad, para evitar reforzar, aunque sea de forma involuntaria, los argumentos de la reacción. Este punto lo dejó muy claro en una entrevista concedida a *The Believer* poco después de la publicación de su libro.

La gente me dice que la política de la identidad se usa para impulsar agendas que en realidad no buscan ayudar a los grupos *marginalizados,* y que hay quienes emplean estos términos de formas completamente desconectadas del sentido que tienen para quienes están realmente implicados en esos movimientos. Yo escucho esas quejas, asiento, espero a que expliquen el argumento de fondo…, y entonces se quedan callados. Y eso me desconcierta. ¿Existe acaso algún concepto político que no haya sido —o no pueda ser— apropiado de forma creativa por quienes tienen poder, o por quienes están en una posición ventajosa respecto a otras personas más vulnerables? Yo, desde luego, no lo conozco. No entiendo cuál es el punto de comparación que hace que la política de la identidad tenga un defecto particular. A partir de ahí no hay mucho más que decir. Es como: *bienvenido a la política. ¿Eres nuevo?*

Pero Táíwò no se detiene ahí, nombrando esta dinámica con un concepto que, a su vez, da título a su ensayo:

«apropiación de las élites». Procedente de los estudios del desarrollo, un campo interdisciplinario que analiza los cambios económicos, sociales, políticos y ambientales en los países de la semiperiferia global, este término describe cómo «unos pocos privilegiados redirigen hacia sus propios intereses y objetivos los recursos e instituciones que deberían servir al conjunto de la sociedad». La idea, en realidad, es tan sencilla como elocuente: «las personas que gozan de una mejor posición y cuentan con más recursos pueden apoderarse de cualquier proyecto político, ya sea en el momento de su concepción o durante su ejecución».

Así, con esta fórmula, el autor se refiere al modo en que los sectores dominantes logran apropiarse de discursos, luchas y formas simbólicas de resistencia, vaciándolos del potencial transformador y poniéndolos al servicio de sus propios intereses. La política de la identidad, en lugar de articular proyectos de justicia redistributiva y emancipación colectiva, puede entonces convertirse —cuando es absorbida por circuitos institucionales, mediáticos o corporativos— en una coartada estética para reforzar el statu quo. Esto es: las fallas del *wokismo* no se deben simplemente a un exceso de sensibilidad o a una desviación cultural, sino a una cooptación —en ocasiones inadvertida; en otras, dolorosamente evidente— por parte del poder social dominante.

## Más allá de la *deferencia:* Olúfẹ́mi O. Táíwò y el «enfoque constructivo»

Olúfẹ́mi O. Táíwò sabe bien de lo que escribe y de lo que habla. Filósofo de formación e intelectual público por

vocación, imparte clases en la Universidad de Georgetown, en Washington D.C., epicentro del poder político
e institucional de Estados Unidos. Su recorrido personal —profesor en una universidad elitista, persona negra
profundamente vinculada a los círculos activistas— ilu-
mina con nitidez el núcleo que articula su obra: el análisis de las dinámicas de apropiación por parte de las élites
y el funcionamiento estructural del capitalismo racial.

Táíwò nació en el área de la bahía de San Francisco,
luego de que sus padres inmigraran desde Nigeria a finales de los años ochenta para cursar estudios de posgrado.
Más tarde, la familia se instaló en Cincinnati, donde el
joven Táíwò creció en una suerte de frontera vital entre
dos mundos: por un lado, una comunidad nigeriano-estadounidense vibrante y cohesionada; por otro, instituciones dominadas por la *blanquitud*. Asistía a escuelas y mi-
sas dominicales en entornos mayoritariamente blancos,
pero también participaba en grupos de estudio bíblico y
otros espacios integrados exclusivamente por afroamericanos e inmigrantes africanos. Aquellos contrastes marcaron la infancia de quien se define a sí mismo como un
«empollón». Desde muy temprano, mientras aprendía a
moverse entre contextos cotidianamente cruzados por el
prejuicio, su educación estuvo atravesada por preguntas
sobre la pertenencia. El camino parecía trazado: estudiar
Filosofía en la Universidad de Indiana y doctorarse en la
Universidad de California en Los Ángeles (UCLA). Pero
antes de seguir ese llamado, se tomó un año sabático para
probar suerte como músico profesional; aquella vida de
saxofonista no prosperó —él mismo afirma que su fracaso musical fue, en realidad, un éxito formativo—, pero
sus investigaciones en el campo de la filosofía política,

centradas en el concepto de libertad y el legado del colonialismo, culminaron con la obtención del doctorado en 2018.

*El saqueo de las élites* es, sin duda, fruto de esta trayectoria personal: una mirada ambivalente, crítica y matizada sobre la idea de la política identitaria y su evolución histórica y desarrollo político en el contexto estadounidense. Táíwò articula su propuesta a través del legado del *Combahee River Collective*, que concibió la opresión de forma relacional y defendió una política basada en la experiencia vivida, pero proyectada hacia la construcción de alianzas y solidaridades capaces de transformar la realidad.

Sin embargo, aquel compromiso radical y fecundo con la diferencia ha sido sustituido, en algunos casos, por lo que denomina una «política de la deferencia», una nueva forma de concebir lo político menos preocupada en transformar las condiciones materiales y más volcada en garantizar que quienes las sufren estén presentes en la conversación. De ahí fórmulas como «escuchar a los más afectados» o «centrar las voces marginalizadas» que, sin ser erróneas en sí mismas, pueden terminar despolitizando el conflicto si se vacían de contenido estratégico y se convierten en procedimientos ritualizados.

El problema, señala Táíwò, es que esta metodología opera casi exclusivamente dentro de espacios muy concretos —a menudo físicos, casi siempre simbólicos— frecuentados por élites académicas o discursivas. Son ámbitos de deliberación restringida, pero con una capacidad real de influencia. En lugar de atender a las necesidades estructurales de quienes efectivamente habitan los márgenes —que, por cierto, casi nunca están presentes en esos espacios—, la política de la deferencia se ocupa de distribuir la palabra, regular los turnos de intervención, administrar el respeto dentro de límites excesivamente estrechos. Como si la prioridad no fuera transformar el mundo, sino orquestar con precisión el tono de la conversación. Como si importara más la coreografía del debate que sus efectos materiales.

Esa deferencia, próxima a lo que Elizabeth Duval ha bautizado como la «inmunidad diplomática de la opresión», funciona también como filtro epistémico y moral: determina qué puede nombrarse, qué está autorizado a ser discutido. Y al hacerlo, restringe de forma significativa el campo de lo decible, clausurando así muchas de las condiciones de posibilidad de una política verdaderamente transformadora; no solo impide el conflicto necesario, sino también, y sobre todo, la potencia seductora de un discurso que se atreve a interrogar sin miedo, que formula, con honestidad y sin solemnidad, las mismas preguntas que se hacen quienes aún no están convencidos.

A su vez, Táíwò denuncia una forma de deferencia que entronca con uno de los aspectos más decisivos —y quizá más incómodos— del debate contemporáneo en torno a la política de la identidad: la creciente centralidad del victimismo como principio de legitimación política. En muchos discursos actuales, la experiencia del agravio no solo fundamenta la intervención en el espacio público: se convierte en verdad. Como escribió Santiago Alba Rico: «Las víctimas deben ser escuchadas, reconocidas, protegidas..., pero no pueden convertirse en un sujeto político». La víctima deja de ser un lugar desde el que se enuncia una demanda para devenir una figura estática, sagrada y prepolítica que reclama inmunidad, que tiñe de dolor la gramática de lo político. Pero una política realmente emancipadora no puede asentarse únicamente sobre el filtro del miedo o del sufrimiento —que, como advierte la filósofa Agnes Callard, puede ennoblecer, sí, pero también corromper—. Una política transformadora ha de imaginar una salida. Ha de organizarse, pensar el mundo en común, debatir con su alteridad, deliberar, proponer. Porque la historia no la *hacen* las víctimas, sino quienes se atreven a dejar de serlo. Porque las heridas pueden ser impulso, pero no deben convertirse en morada. Porque es imprescindible transformar la memoria del dolor en horizonte político.

En esta línea, *El saqueo de las élites* plantea otras preguntas incómodas: ¿existe una ventaja epistémica en ser oprimido? La reflexión de Táíwò sobre esta cuestión se inscribe en un debate abierto en el estudio de la formación y propagación del conocimiento, donde confluyen al menos dos enfoques enfrentados. Por un lado, quienes sostienen que efectivamente las personas oprimidas pueden disponer de una ventaja epistémica, aunque siempre de forma contingente y nunca asegurada. Por otro, quienes tienden a asignar autoridad, legitimidad y sabiduría de manera automática en función del grado de opresión experimentado.

Táíwò sostiene que esta última lógica, si se lleva al extremo, puede desembocar en formas de esencialismo que terminan despolitizando la crítica. Su postura no romantiza la opresión ni asume que la experiencia vivida otorga por sí sola una autoridad absoluta, pero tampoco ignora el peso de las condiciones materiales, afectivas y sociales desde las que se construye el conocimiento: «Al contrario de lo que suele decirse, el dolor —sea o no fruto de la opresión— es un profesor lamentable. El sufrimiento es parcial, miope, ensimismado y autorreferencial. No deberíamos construir una política que espere un resultado diferente. *La opresión no es una escuela*».

La consigna es clara: escuchar a las voces *marginalizadas* es imprescindible, por supuesto, pero insuficiente. Táíwò va un paso más allá y acude a su propia experiencia e identidad para reflexionar sobre el lugar que ocupan el trauma y el agravio en la formación política:

> El hecho de haber vivido experiencias traumáticas, de haber sobrevivido a abusos de distinta índole o de haber estado al borde de la muerte —ya sea por accidente o a causa de la violencia— no es una carta que jugar en el terreno de la interacción social ni un arma que blandir en la competencia por el prestigio personal. No es lo que me otorga un derecho especial a hablar, evaluar o decidir en nombre de todo un grupo. Es una manifestación concreta y vivida de la vulnerabilidad que comparto con la mayoría de las personas en este planeta. No se interpone entre los demás y yo como un muro, sino que es un puente.

De acuerdo, fantástico, pero ¿qué hacer entonces? ¿Qué oponer a la deferencia vacía, a una *epistemología situada* mal entendida y peor practicada? Aquí es donde entra en juego el concepto de «política constructiva» propuesto por el propio autor: un enfoque que «prioriza los resultados por encima del proceso y prefiere alcanzar objetivos concretos antes que limitarse a evitar la complicidad con la injusticia o a promover principios meramente morales o estéticos»; una política guiada por la convicción de que es posible articular un conjunto de fines emancipadores que no se sometan a los límites del sentido común vigente, y que a la vez se sostengan sobre un «realismo político obstinado»: un compromiso con las estrategias y tácticas necesarias para transformar tanto ese sentido común como el mundo que lo hace posible.[5]

El enfoque constructivo de Táíwò —auténtico principio rector de su teoría y su práctica— se despliega con mayor profundidad en su otro ensayo, *Reconsidering Reparations* (Oxford University Press, 2022). En este texto, evita caracterizar el calentamiento global como una catástrofe ecológica: es, ante todo, la prolongación lógica del imperio racial global por otros medios. Las poblaciones históricamente explotadas —comunidades negras, indígenas y del Sur Global— son hoy las más expuestas a los efectos devastadores del cambio climático. Y no por azar, sino porque las condiciones que las hacen vulnerables son el resultado acumulado de siglos de expropiación, saqueo y subordinación. Del mismo modo, las élites blancas del Norte Global

5   El enfoque constructivo posee una amplia genealogía en el marco de la tradición poscrítica. En el ensayo, el propio Táíwò alinea esta idea con lo que el teórico político Michael Dawson llama «utopismo pragmático»: un abordaje de lo político «que parte de nuestra situación actual para imaginar hacia dónde queremos llegar». Alude también al concepto *worldmaking* (constructor de mundos), postulado por Adom Getachew, quien lo acuñó para referirse al conjunto de intelectuales y líderes políticos anticoloniales y panafricanistas que redefinieron, a mediados del siglo pasado, el sentido de la «autodeterminación», y fueron más allá de sus luchas por la independencia —dentro de las estructuras del Estado-nación y el orden westfaliano—, proponiendo un orden internacional diferente, regido por la justicia global y la no dominación. En una línea similar, en el campo de la epistemología, Eve Kosofsky Sedgwick propuso la noción de «hermenéutica reparadora», frente a la «hermenéutica paranoica», una forma de crítica menos interesada en desmontar discursos y más centrada en recomponer alternativas. Bruno Latour también abogó por desplazar el gesto crítico (la deconstrucción) hacia el gesto afirmativo (la composición).

están en mejores condiciones de protegerse porque han heredado el grueso de los beneficios producidos por ese mismo sistema extractivo. Es en este marco donde cobra sentido su propuesta de «reparaciones climáticas»: un amplio repertorio de medidas y estrategias que abarca desde transferencias incondicionadas de crédito hacia las comunidades más afectadas —y menos contaminantes—, hasta políticas de desinversión en combustibles fósiles y la supresión de los paraísos fiscales que facilitan la devastación ecológica. Lejos de concebirse como un gesto compensatorio frente a agravios pasados, estas reparaciones forman parte de un proyecto constructivo, una apuesta por *rehacer* la arquitectura internacional desde sus cimientos.

Aunque Táíwò no lo afirme de forma explícita en *El saqueo de las élites,* la aplicación coherente de su política constructiva desemboca, casi inevitablemente, en una forma de humanismo radical y no esencialista, en la línea del «universalismo no ideal» que defiende Serene Khader en *Decolonizing Universalism,* uno de los libros más discutidos por el propio autor.

Preocupada por la formulación de una «ética feminista transnacional», Khader identifica con precisión el error de fondo que atraviesa muchas estrategias bienintencionadas pero fallidas: confundir la lucha por la justicia a escala global con la imposición de un único modelo normativo, un molde inflexible e impenetrable de principios políticos o estructuras sociales consideradas justas. Esta postura, que toma el nombre de «monismo de la justicia», es denunciada como una de las expresiones más persistentes de colonialismo moral, de imponer sin comprender, exportar sin escuchar, aplicar sin contexto, sustituir el conflicto por la certeza, el disenso por autoridad.

Frente a ello, Khader propone un enfoque distinto, la «ampliación de la justicia» *(justice enhancement)*. En lugar de ofuscarse en alcanzar un punto final predefinido, sugiere ensanchar las condiciones en las que la justicia puede tener lugar, salir de nuestra zona de confort e invertir tiempo, esfuerzos y recursos en construir coaliciones políticas amplias y diversas. Consistiría, en palabras de Clara Serra, en avanzar hacia

> una política radical e inspiradora, una política que se puede poner a «decidir qué es lo que queremos en lugar de deducirlo de supuestos o argumentos acerca de quiénes somos». Como dice Wendy Brown, tenemos que reemplazar «el lenguaje de *ser* por el de *desear*» como vía para poder imaginar otros modos de ser más allá de las categorías del poder. El feminismo debe abandonar toda colaboración con el miedo, la culpa y el castigo —son armas del poder que nunca alumbrarán un mundo nuevo ni un mundo mejor— y debe apostar por la politización del deseo. La pregunta acerca de qué mundo deseamos es a la que todos y todas estamos convocados.

Y así es como Táíwò alcanza —con insólita claridad— la *verità effettuale della cosa*: no es tanto abandonar la política de la identidad, como permitirle respirar y no ceder ante sus reflejos desfigurados; relajar sus márgenes, restituirle su espesor, inmunizarla frente a las dinámicas autorreferenciales, las lógicas neoliberales y los procesos de apropiación elitistas que amenazan con vaciarla de sentido. Lo que propone *El saqueo de las élites,* en última instancia, es recuperar el impulso emancipador con el que el *Combahee River Collective* acuñó el concepto hace medio siglo, y quizá convertirlo en punto de partida para una universalidad venidera: una que integre la diferencia como parte constitutiva del mundo que aún está por construirse, un horizonte de futuro que ha de debatirse sin corsés, sin refugios ni repliegues. Esa es la lección más poderosa del libro de Táíwò, una consigna tan sencilla de formular como difícil de llevar a la práctica: «construir, construir, construir». Una bandera política, un principio ético, una brújula estratégica: siempre construir.

# Agradecimientos

Como suele ocurrir, tengo una deuda de gratitud con innumerables personas que han hecho posible
este libro.

Gracias, en primer lugar, a mi familia por su apoyo in-
condicional: a mis hermanos, Ibukun y Ebun; a mis padres, Abiola y Yetunde; a toda la familia Táíwò y Sokunbi;
a la comunidad nigeriana de Cincinnati. También a Abigail Higgins y a los Higgins, así como a los Kennedy.

Quiero expresar mi más sincero agradecimiento a mi
editora, Emma Young, y a Sam Smith, editor en Haymarket, además de a todos los que facilitaron la redacción de
este libro: Anthony Arnove, Stephanie Steiker, Suzanne
Lipinska y quienes, desde KIOSK y Africasia, pusieron a
mi disposición su trabajo periodístico, entre ellos Simon
Delobel y Mathieu Kleyebe Abonnenc. Este libro tiene
sus raíces en dos extensos artículos publicados en *Boston
Review* y *The Philosopher*. Vaya mi agradecimiento a Deb

Chasman, a Matt Lord y a sus colegas en *Boston*, así como a Chiara Ricciardone, a Anthony Morgan y al equipo de *The Philosopher*, por ofrecerme su apoyo para desarrollar las primeras versiones de estas ideas, un apoyo sin el cual el presente libro no habría sido posible.

Me gustaría dar especialmente las gracias a los académicos cuyo respaldo, tanto directo como indirecto, fue esencial a la hora de afrontar este proyecto: AJ Julius, Daniela Dover, Melvin Rogers, Jason Stanley y Gaye Theresa Johnson. También a quienes, por su trabajo, su enseñanza o su liderazgo, fueron para mí una fuente de inspiración, implícita o explícita: Josh Armstrong, Quill Kukla, Mark Lance, Bryce Huebner y Henry Richardson. A los amigos y colegas cuyo apoyo y consejos fueron también cruciales para que me animara a escribir: Liam Kofi Bright, Marques Vestal, Thabisile Griffin, Austin Branion, Alexis Cooke, Shelbi Nahwilet Meissner, Joel Michael «Boxcutter Joelie» Reynolds y Jeanne-Marie Jackson-Awotwi.

Asimismo, querría hacer extensiva mi gratitud a todas aquellas instituciones y organizaciones en las que tuve el privilegio de aprender: The Undercommons, UAW 2865, UCLA Labor Center, LA Black Workers Center y Pan-African Community Action.

A nuestros antepasados morales, cuya lucha y sacrificio hicieron posible esta labor: a los luchadores anticoloniales y abolicionistas, a los trabajadores que nunca se cansaron de exigir más, a los activistas que se negaron a conformarse con menos.

Y a nuestros descendientes, ya sean morales o genealógicos, a los jóvenes de hoy y a quienes están por venir: con amor, esperanza y solidaridad.

# Introducción

No hay racismo, no hay tribalismo; no estamos luchando
simplemente por tener una bandera, un himno, ministros.
No se trata de instalarnos en el palacio del gobernador, ese
no es nuestro objetivo... Estamos luchando por liberar a
nuestro pueblo de cualquier forma de explotación, no solo
del colonialismo.
No queremos que nadie explote a nuestro pueblo,
ni blancos ni negros.
**Amílcar Cabral,** *Unity and Struggle*[6]

Cuando la pandemia impuso los confinamientos
en la primavera del 2020, la vida cotidiana se detuvo: el
transporte público, los desplazamientos de una punta a
otra del país, la vida nocturna, los programas comunitarios,
las bibliotecas, las peluquerías... Hasta los parques infantiles enmudecieron. Sin embargo, los asesinatos policiales
siguieron produciéndose a lo largo y ancho del globo.

En algunos casos, los propios confinamientos fueron
el detonante de los crímenes: el 31 de marzo, cuatro días
después de que comenzase el toque de queda en Kenia,
varios agentes de la policía irrumpieron en un barrio, golpearon indiscriminadamente a sus vecinos y, finalmente,

---

6 Amílcar Cabral, *Unity and Struggle: Speeches and Writings of Amilcar
Cabral*, vol. 3 (Nueva York: New York University Press, 1979), 86.

abrieron fuego con munición real.[7] Una de las balas alcanzó y mató a Yasin Hussein Moyo, un niño de trece años que observaba los incidentes desde el balcón de su casa. El 19 de mayo, en Puerto Tejada, Colombia, dos agentes de policía persiguieron a Anderson Arboleda, de veintiún años, por incumplir el toque de queda. Le golpearon brutalmente y le rociaron con gas pimienta; las lesiones le provocaron la muerte a la mañana siguiente.[8]

La pandemia apenas alteró los patrones habituales de violencia policial. El 18 de mayo, tres agentes irrumpieron en una vivienda del Complexo do Salgueiro, una favela de Río de Janeiro, donde seis primos jugaban tranquilamente.[9] Abrieron fuego y dispararon por la espalda a João Pedro Matos Pinto, un adolescente de catorce años. En un intento desesperado por que recibiera atención médica, un pariente lo trasladó hasta un helicóptero de la policía. La familia no tuvo noticia alguna de su paradero ni de su estado de salud durante diecisiete angustiosas horas, hasta que encontraron su cuerpo en manos del forense. Según las propias estadísticas de las

---

7 Max Bearak y Rael Ombuor, «Kenyan Police Shot Dead a Teenager on His Balcony during a Coronavirus Curfew Crackdown», *Washington Post*, 31 de marzo de 2020, https://www.washingtonpost.com/world/africa/kenyan-police-shot-dead-a-teenager-on-his-balcony-during-a-coronavirus-curfew-crackdown/2020/03/31/6344c70e-7350-11ea-ad9b-254ec99993bc_story.html.

8 Jorge Valencia, «Black Lives Matter Protests Renew Parallel Debates in Brazil, Colombia», *The World*, 15 de junio de 2020, https://www.pri.org/stories/2020-06-15/black-lives-matter-protests-renew-parallel-debates-brazil-colombia.

9 «Demonstrators in Brazil Protest against Crimes Committed by Police», *VOA News*, 1 de junio de 2020, https://www.voanews.com/americas/demonstrators-brazil-protest-against-crimes-committed-police.

fuerzas de seguridad de Río de Janeiro, en los primeros meses de 2020 los agentes mataban a una media de seis personas al día y, si los asesinatos seguían la misma pauta que en la última década, más de tres cuartas partes de las víctimas serían hombres negros.[10] Para que nos hagamos una idea: solo en el estado de Río de Janeiro, la policía cometió en 2019 casi el doble de homicidios que en todo Estados Unidos durante ese mismo año.[11]

En Estados Unidos, un estallido de violencia policial segó, entre otras, las vidas de Breonna Taylor (13 de marzo), George Floyd (25 de mayo) y Tony McDade (27 de mayo), y desencadenó un movimiento de protesta sin precedentes en la historia del país. Según algunas estimaciones, en él tomaron parte de un modo u otro hasta veintiséis millones de personas, una cifra equivalente a casi el 8 % de toda la población estadounidense.[12] Las manifestaciones destacaron no solo por su magnitud y alcance, sino también por su intensidad. En varias ciudades se saquearon centros comerciales y tiendas de lujo. En Mineápolis, la situación alcanzó un punto crítico cuando la

---

10 César Muñoz, «Brazil Suffers Its Own Scourge of Police Brutality», *Human Rights Watch*, 3 de junio de 2020, https://www.hrw.org/news/2020/06/03/brazil-suffers-its-own-scourge-police-brutality.

11 «Rio Violence: Police Killings Reach Record High in 2019», *BBC News*, 23 de enero de 2020, https://www.bbc.com/news/world-latin-america-51220364.

12 Larry Buchanan, Quoctrung Bui y Jugal K. Patel, «Black Lives Matter May Be the Largest Movement in U.S. History», *New York Times*, 3 de julio de 2020, https://www.nytimes.com/interactive/2020/07/03/us/george-floyd-protests-crowd-size.html; Dudley L. Preston, «3 Ways That the U.S. Population Will Change over the Next Decade», *PBS NewsHour*, último acceso el 2 de enero de 2020, https://www.pbs.org/newshour/nation/3-ways-that-the-u-s-population-will-change-over-the-next-decade.

policía se vio obligada a huir de una comisaría para salvar la vida mientras los manifestantes rompían los parabrisas de los coches con proyectiles y reducían el edificio a cenizas tras prenderle fuego.

Las protestas trascendieron fronteras y adquirieron una dimensión mundial. En junio de 2020, manifestantes de todas las edades y condiciones salieron a las calles en ciudades como Río de Janeiro, Seúl, Londres, Sídney o Monrovia.[13] Esta oleada de solidaridad global fue, en gran medida, fruto del trabajo constante de organizaciones internacionales como Black Lives Matter, Movement for Black Lives y otros colectivos que colaboran con ellos y les ofrecen su apoyo. Sin embargo, el alcance del movimiento también se explica por las raíces profundas y compartidas de las dinámicas globales del racismo y la represión policial. Estas problemáticas son parte de los múltiples legados de un pasado reciente que sigue moldeando nuestras vidas en el presente.

En Nigeria, la movilización alcanzó su punto álgido en octubre de 2020, cuando miles de personas salieron a las calles para exigir la abolición de la Special Anti-Robbery Squad (SARS) [Brigada Especial contra el Robo], una unidad policial encubierta conocida por su historial de torturas extrajudiciales, agresiones sexuales y asesinatos. El Gobierno nigeriano respondió a las protestas del movimiento con una represión brutal y el uso de armas de fuego, como ocurrió durante la matanza atroz del peaje

---

13 Jen Kirby, «"Black Lives Matter" Has Become a Global Rallying Cry», *Vox*, 12 de junio de 2020, https://www.vox.com/2020/6/12/21285244/ black-lives-matter-global-protests-george-floyd-uk-belgium.

de Lekki. Según Amnistía Internacional, al menos doce personas perdieron la vida en ese episodio.[14] Es fundamental entender que #EndSARS no se limitó a respaldar otras protestas globales ocurridas a principios de ese año ni fue simplemente una réplica de ellas: el movimiento libraba su propia lucha, en su propio contexto, pero dentro de la misma batalla global contra la violencia y la represión sistémicas.

La Special Anti-Robbery Squad de Nigeria, los cuerpos de seguridad de Estados Unidos y otros cuerpos represivos similares comparten estrategias de violencia y estructuras ideológicas porque son organizaciones diseñadas para alcanzar objetivos similares. Muchas de estas fuerzas tienen su origen en la época colonial de los siglos XIX y XX, cuando las instituciones nacionales operaban como franquicias bajo el paraguas del imperio racial global: las milicias de voluntarios, los Gobiernos coloniales y las entidades financieras formaban parte de un poderoso cártel. Aunque las fuerzas de seguridad respondían a intereses nacionales concretos, el cártel imperial en su conjunto servía a las mismas élites y garantizaba que la riqueza y los privilegios fluyeran del sur al norte, de las personas negras a las blancas. Aquel sistema nunca fue desmantelado por completo. Así pues, aunque el término *imperio* haya caído en desuso en la política global contemporánea, sus estructuras siguen prácticamente intactas. Prueba de ello son, por ejemplo, la gestión que Francia hace de las divisas de muchas de sus antiguas colonias africanas o el dominio de

---

14 «Nigeria's Lekki Shooting: What Has Happened so Far at Lagos Judicial Panel», *BBC News*, 27 de noviembre de 2020, https://www.bbc.com/news/world-africa-55099016.

ciertas empresas e instituciones internacionales que, bajo una apariencia de neutralidad, intimidan a los países más empobrecidos del mundo mediante mecanismos abiertamente neocoloniales.[15]

Por tanto, pese a las diferencias y particularidades de cada contexto local, cuando comunidades de todo el mundo se alzaron contra el terror y la violencia policial a los que llevaban siglos sometidas, se puso de manifiesto que estaba en juego algo de alcance verdaderamente global. La reacción de las élites gobernantes no se hizo esperar: el Banco Mundial anunció la creación de un Grupo de Trabajo sobre el Racismo, mientras que las Naciones Unidas, presionadas por los cincuenta y cuatro países de la Unión Africana, acordaron poner en marcha una investigación de un año sobre las dinámicas racistas contra las personas negras.[16]

Pronto quedó claro que eran dos las estrategias activadas por las élites a modo de respuesta. Por un lado, recurrir a una política de la identidad meramente simbólica, pensada para apaciguar a quienes se manifestaban sin introducir reformas materiales significativas. Por otro, rebautizar las instituciones existentes sin reemplazarlas y

---

15 Desarrollo este asunto con mayor profundidad en *Reconsidering Reparations: Worldmaking in the Case of Climate Crisis* (Nueva York: Oxford University Press, 2021); Kwame Nkrumah, «Neo-Colonialism: The Last Stage of Imperialism», 1967; F Pigeaud y NS Sylla, «Africa's Last Colonial Currency: The CFA Franc Story», 2021.

16 David Malpass, «June 18, 2020: Ending Racism», *Voices*, 18 de junio de 2020, https://blogs.worldbank.org/voices/june-18-2020-ending-racism; Chris Cannito, «UN Human Rights Council Holds Historic Hearings on Racism in US», *Nonprofit Quarterly*, 22 de junio de 2020, https://nonprofitquarterly.org/un-human-rights-council-holds-historic-hearings-on-racism-in-us/.

recurrir de nuevo a elementos de la política de la identidad como herramientas de legitimación.

Un ejemplo sorprendentemente claro de la primera estrategia lo ofreció el alcalde de Washington D. C., quien ordenó pintar la expresión «Black Lives Matter» con letras enormes en las calles cercanas a la Casa Blanca; las mismas donde los manifestantes seguían siendo brutalmente reprimidos. Al año siguiente, los servicios de inteligencia estadounidenses desplegaron la segunda estrategia y lanzaron una serie de vídeos promocionales con el título de «Humanos de la CIA» dirigidos a distintos colectivos y grupos identitarios, incluidas personas *queer* e indígenas. El periodista Roberto Lovato advirtió a sus lectores sobre la importancia y las múltiples implicaciones de esta iniciativa en un artículo acertadamente titulado: «La era del imperio interseccional ha llegado»: «En el vasto mundo que existe más allá de los círculos progresistas —escribía—, hay millones de personas que se emocionan con los anuncios de reclutamiento del Ejército y los Marines, en los que aparecen soldados negros y latinos henchidos de orgullo».[17]

Los cauces políticos formales, los murales alentadores y los anuncios inspiradores funcionan como zanahorias muy prácticas. Pero, por supuesto, también había palos. En junio de 2021, veinticinco asambleas estatales aprobaron leyes para prohibir la enseñanza de la «teoría crítica de la raza» como parte de una guerra cultural impulsada por algunos *think tanks*, entre ellos la Heritage Foundation y el

---

17 Roberto Lovato, «The Age of Intersectional Empire Is Upon Us», 10 de mayo de 2021, *The Nation*, https://www.thenation.com/article/politics/cia-video-intersectional/.

Manhattan Institute, y por figuras muy bien conectadas, como Mark Meadows, jefe de Gabinete de la Casa Blanca durante el primer mandato de Trump.[18] En el Reino Unido, el Gobierno creó la Comisión sobre Desigualdades Raciales y Étnicas, que publicó un informe exonerando al propio Ejecutivo de las acusaciones de racismo institucional que el movimiento Black Lives Matter había planteado.[19] Cuando la cooptación falla, basta con recurrir a la vieja fórmula de la represión.

Entonces, ¿cómo podemos entender la política de la identidad? Algunas de sus manifestaciones se han deformado con el fin de renovar viejos proyectos imperiales, mientras que otras son tajantemente prohibidas por los poderes fácticos. ¿Nos encontramos, tal y como sugiere la filósofa Ashley Bohrer, ante una versión inofensiva de la política de izquierdas que solo se diferencia de la ortodoxia izquierdista por «fallos de comunicación»?[20] ¿O

18 Talia Lavin, «The 1960s Previewed the GOP Attack on "Critical Race Theory"», *MSNBC*, 22 de junio de 2021, https://www.msnbc.com/opinion/right-wing-freakout-about-critical-race-theory-began-1960s-n1271670; Kevin M. Kruse, «The Trump Administration's Thinly-Veiled Rebuke of "The 1619 Project" is a Sloppy, Racist Mess», *MSNBC*, último acceso el 20 de junio de 2021, https://www.msnbc.com/opinion/trump-administration-s-thinly-veiled-rebuke-1619-project-sloppy-racist-n1254807.

19 Amy Cassidy y Tara John, «UN Condemns "Reprehensible" UK Race Report for Repackaging "Racist Tropes into Fact"», *CNN*, 19 de abril de 2021, https://www.cnn.com/2021/04/19/uk/un-uk-race-report-intl-gbr/index.html; Tara John, «Analysis: Culture Wars Give Boris Johnson and His Government a Quick and Easy High. They're No Substitute for Governing», *CNN*, último acceso el 4 de abril de 2021, https://www.cnn.com/2021/04/04/uk/uk-race-report-culture-wars-intl-gbr/index.html.

20 Ashley Bohrer, «Intersectionality and Marxism: A Critical Historiography», *Historical Materialism* 26, n.º 2 (2018): 60.

tal vez se trata de algo más inquietante y, como sostiene Dominic Gustavo en el *World Socialist Web Site,* la política de la identidad se ha convertido en «una herramienta esencial que la burguesía utiliza para mantener su dominio de clase dividiendo a las personas trabajadoras según criterios raciales y de género»?[21] ¿Es la política de la identidad, encarnada en la teoría crítica de la raza, una ideología peligrosa, una amenaza para el orden establecido que los poderes fácticos intentan erradicar?

## El Combahee River Collective (y por qué la política de la identidad no es lo que crees que es)

El término «política de la identidad» se popularizó por primera vez gracias al manifiesto que elaboró en 1977 el Combahee River Collective, una organización de feministas negras *queer* y socialistas cuyo objetivo era fomentar la solidaridad y la colaboración.

Duchess Harris, especialista en estudios estadounidenses, relata los orígenes del colectivo de la siguiente manera: en 1961, el presidente John F. Kennedy creó una Comisión sobre la Condición Jurídica y Social de la Mujer que se dividió en cuatro órganos consultivos, uno de los cuales fue el Foro sobre la Mujer Negra. Este acontecimiento inspiró una serie de iniciativas posteriores, y la tercera Conferencia Nacional de Comisiones sobre la

---

21 Dominic Gustavo, «"Humans of CIA" Recruitment Campaign Sells Youth "Identity Politics Imperialism"», *World Socialist Web Site*, 20 de mayo de 2021, https://www.wsws.org/en/articles/2021/05/20/ciar-m20.html.

Condición Jurídica y Social de la Mujer hizo posible la reunión en que se creó la National Organization for Women (NOW), cuyos fundadores confiaban en que pudiese servir como una suerte de «NAACP para las mujeres». Sin embargo, NOW no cumplió su promesa de tratar seriamente la cuestión racial, y las organizaciones nacionalistas negras tampoco abordaron la cuestión del género.[22] Como consecuencia de todo ello, un grupo de activistas decidió fundar en 1973 la National Black Feminist Organization (NBFO).[23]

En 1974, Barbara Smith, una joven activista, conoció a Demita Frazier, quien en ese momento se dedicaba a organizar una sección de la NBFO en Boston. Las dos compartían muchos de los objetivos de la organización, pero también querían disponer de un espacio donde debatir con mayor libertad sobre la «economía radical» y asegurar una voz para las lesbianas. Y de esta forma, a partir de una reunión a la que tan solo asistieron cuatro personas, nació el Combahee River Collective. Entre 1977 y 1980, el colectivo organizó siete retiros con otras activistas, en los que participaron algunas militantes veteranas de Boston afines al grupo e incluso la reconocida escritora Audre Lorde.

Las experiencias que unían a estas mujeres —la constante marginación y devaluación de sus prioridades políticas dentro de todo tipo de organizaciones— fueron

---

22 Duchess Harris, «From the Kennedy Commission to the Combahee Collective», en *Sisters in the Struggle* (Nueva York: Nueva York University Press, 2001), 280-305.
23 Harris, «Combahee Collective», 280-305.

fundamentales para la postura que acabaron adoptando y que denominaron «política de la identidad».

«Como mujeres negras, teníamos derecho a crear prioridades políticas, programas, acciones y soluciones basadas en nuestras experiencias», explicó más tarde Smith. Se trataba de un programa político que, en lugar de relegarlas al papel de meras presencias decorativas al servicio de las mujeres blancas o al de secretarias de un hombre negro, partía de sus vivencias e intereses: un programa que incorporara toda la complejidad y diversidad de sus valores, no una caricatura degradada y distorsionada de estos. Como afirma la profesora de Princeton Keeanga-Yamahtta Taylor, «no se podía esperar que las mujeres negras se implicaran activamente en movimientos políticos que no representaban ni promovían sus intereses»; por ello, las políticas de la identidad que desarrollaron funcionaban como «*puntos de partida* para que participaran en política» más que como un abandono completo de aquellas organizaciones y movimientos que resultaban problemáticos.[24]

Las mujeres negras defendían la construcción de coaliciones amplias y plurales, un enfoque que Barbara Smith reconocería más tarde en la campaña presidencial de Bernie Sanders por su capacidad para movilizar a las bases y por su atención a todas aquellas cuestiones que afectan a personas con múltiples identidades, especialmente «las necesidades básicas de alimentación, vivienda y atención

---

24 Keeanga-Yamahtta Taylor, *How We Get Free: Black Feminism and the Combahee River Collective* (Chicago: Haymarket Books, 2017), 5-6. [Las cursivas son mías.]

sanitaria».[25] Beverly Smith, otra de las fundadoras del Combahee River Collective, recuerda el impacto inmediato que su creación tuvo en los grupos de izquierdas de Boston: «También atrajimos a muchas mujeres de color o que para nosotras no eran negras. Establecimos contacto con latinas, asiáticas... Pero no era un movimiento unilateral: ellas también nos hacían partícipes de sus luchas. Y, cuando llegábamos al fondo de lo que les ocurría, también procurábamos implicarnos».[26] La apuesta del colectivo por la política de la identidad funcionó como un pegamento, como un acicate para la unidad más que como una excusa para la división.

Pero, a lo largo de las décadas que han transcurrido desde la fundación del Combahee River Collective, en lugar de construir alianzas que trasciendan las diferencias, algunos han optado por replegarse —particularmente en las redes sociales— en torno a concepciones cada vez más estrechas y limitadas de los intereses grupales. Smith señala con cierta delicadeza que muchos de los sentidos que hoy tiene el concepto «difieren bastante del que se le quiso dar en un principio».[27] En su libro *Identidades mal entendidas*, Asad Haider lo plantea con mayor contundencia: aunque

25 Terrell Jermaine Starr, «Barbara Smith, Who Helped Coin the Term "Identity Politics", Endorses Bernie Sanders», *The Root*, último acceso el 3 de febrero de 2020, https://www.theroot.com/barbara-smith-who-helped-coin-the-term-identity-politi-1841419291; Barbara Smith, «I Helped Coin the Term "Identity Politics". I'm Endorsing Bernie Sanders», *The Guardian*, 10 de febrero de 2020, http://www.theguardian.com/commentisfree/2020/feb/10/identity-politics-bernie-sanders-endorsement.

26 Taylor, *How We Get Free*, 107-9.

27 Starr, «Barbara Smith Endorses Bernie Sanders».

reconoce la historia radical del término, define la política de la identidad como «una ideología que surgió para que las élites políticas y económicas se apropiasen del legado emancipador y lo usasen en su propio provecho».[28] Aunque coincido con estos planteamientos, también estoy de acuerdo con la politóloga Marie Moran y con la filósofa Linda Martín Alcoff, quienes han argumentado con particular elocuencia que las explicaciones ideológicas que establecen un vínculo entre ciertas corrientes políticas incómodas y algunas ideas que al parecer forman parte de la política de la identidad suelen errar el blanco: muchas de esas críticas se centran en conceptos que no son importantes para los movimientos identitarios o malinterpretan por completo los objetivos fundamentales de estos.[29]

La idea de la «apropiación de las élites» ofrece una forma de reconciliar las dos posiciones. Es cierto que los avances recientes en los significados y usos de la política de la identidad no han servido para detener los asesinatos policiales ni para sacar a los presos de las cárceles. Ahora bien, la política de la identidad ha proporcionado a muchas personas, organizaciones e instituciones un nuevo vocabulario para definir su postura política y estética, aunque el contenido de esas decisiones sea irrelevante o incluso perjudicial para los intereses de las personas marginadas, cuyas identidades se instrumentalizan de forma

28  Asad Haider, «Identity Politics», capítulo I en *Mistaken Identity: Race and Class in the Age of Trump* (Verso Books, 2018), 7-26 [*Identidades mal entendidas* (Madrid: Traficantes de Sueños, 2020)].

29  Marie Moran, «(Un)Troubling Identity Politics: A Cultural Materialist Intervention», *European Journal of Social Theory* 23, n.º 2 (2020): 258-77; Linda Martín Alcoff, «The Political Critique», capítulo 2 en *Visible Identities: Race, Gender, and the Self* (Oxford University Press, 2005), 20-46.

constante. Eso sí: esta dinámica es una característica del uso que se hace de la política de la identidad, no de lo que esta representa en esencia. Lo que se interpone entre nosotros y la práctica de una política transformadora, tolerante e inclusiva es precisamente esta «apropiación de las élites», no la política de la identidad en sí misma.

## La apropiación de las élites: el principal problema

El concepto de *apropiación de las élites* se acuñó en los estudios sobre los países en vías de desarrollo para describir cómo los grupos sociales más acomodados tienden a apropiarse de algunas prestaciones económicas —en particular de la ayuda humanitaria y exterior— destinadas a otros. Con el tiempo, el término ha acabado empleándose también para aludir de forma más general a la manera en que los sectores más pudientes pueden apoderarse, ya desde su concepción o en fases posteriores, de ciertos proyectos políticos. La idea también nos permite comprender cómo las estructuras de poder distorsionan y redistribuyen algunos recursos públicos, entre ellos el conocimiento, la atención o los valores.

La apropiación de las élites ayuda a explicar algunas de las críticas que con más frecuencia recibe la política de la identidad, como la tendencia a exigir un apoyo acrítico a determinadas figuras políticas en función de su identidad y sin tener en cuenta sus propuestas, o el hecho de que a menudo se limite a reflejar preocupaciones sociales propias de «personas blancas y ricas». El periodista Saagar Enjeti ha censurado «la obsesión identitaria de la facción más elitista del Partido Demócrata» y ha señalado que «quienes trabajan en las redacciones de nuestros periódicos» y «forman parte de las clases directivas [...] ejercen una influencia desproporcionada en el discurso político contemporáneo».[30] Aunque identifica correctamente el problema en lo que respecta a los usos más convencionales de la política de la identidad —el impacto excesivo de personas bien posicionadas en el debate público—, parece creer que se circunscribe a la facción de un solo partido. En realidad, la dinámica subyacente es tan antigua como la política misma y no está restringida a ninguna identidad social ni a una orientación ideológica concreta.

La apropiación de las élites no es una conspiración. Comprende algo más que las apropiaciones cínicas, el oportunismo o los éxitos y fracasos morales de cualquier individuo o grupo. Se trata de un comportamiento sistémico, un fenómeno articulado a nivel estructural, un patrón observable —y predecible— de acciones en el que participan individuos, grupos y subgrupos, cada uno de los cuales persigue unos objetivos propios y tiene un punto de vista restringido. La apropiación de las élites trasciende todas estas voluntades. La dinámica constante de interacciones entre personas y colectivos conforma un sistema social del que la apropiación de las élites es un efecto.

Los sistemas y los problemas que surgen en el nivel de los sistemas son múltiples y muy complejos, pero no abstractos. Los sistemas sociales son reales; al fin y al cabo, vivimos inmersos en ellos. Por esa razón son entidades que

30 Tess Bonn, «Saagar Enjeti Laments Use of Identity Politics in 2020 Democratic Race», *The Hill*, 26 de noviembre de 2019, https://thehill.com/hilltv/rising/472191-saagar-enjeti-laments-use-of-identity-politics-in-2020-democratic-race.

podemos observar y, a menudo, anticipar. Las ciencias sociales son, para bien o para mal, intentos de realizar precisamente esa tarea. Ahora bien, los sistemas sociales son extremadamente complejos —quizá más que los físicos—, ya que los abarcan pero también los trascienden. Además, dado que nuestro pensamiento colectivo sobre un sistema forma parte integral del propio sistema que tratamos de analizar, este cambia a medida que vamos entendiéndolo de distintas maneras precisamente *porque* podemos entenderlo de diferentes formas.

Así pues, si la apropiación de las élites es un fenómeno que excede el plan más pérfido del mayor de los villanos, ¿excede también las mejores intenciones de quienes tratan de combatirla?

En realidad, puede que nunca logremos erradicar por completo la apropiación de las élites de la faz de la tierra. Alcanzar una igualdad absoluta en la distribución de los recursos y el poder es, en esencia, un ideal al que aspiran los movimientos sociales que apoyamos más que una condición previa capaz de garantizar su éxito. Del mismo modo que el óxido aparece allí donde el metal y el agua se encuentran bajo ciertas condiciones, la apropiación de las élites emerge en distintos momentos y lugares cuando los sistemas sociales interactúan con circunstancias específicas (como detallo en el capítulo 3). No obstante, el presente libro parte de la convicción de que, siempre que seamos capaces de reconocer un fenómeno de apropiación por parte de las élites, dispondremos de más opciones para combatirlo. A esta creencia se suma una preocupación fundamental: en lugar de contener el saqueo de las élites, las tendencias recientes de la política de la identidad parecen estar fomentándola. Como analizo en el capítulo 4, esto es cierto también en el caso de la política de la deferencia, que insta a las personas a desviar la atención, los recursos y las iniciativas hacia quienes consideran más marginados que ellas.

Deberíamos lidiar con los problemas de la apropiación de las élites —y del capitalismo racial que la sustenta y posibilita— mediante una política *constructiva,* no a través de una política de la deferencia. El enfoque constructivo prioriza los resultados por encima del proceso: en lugar de limitarse a evitar la «complicidad» con la injusticia o a promover principios meramente morales o estéticos, pretende alcanzar una serie de objetivos. Este enfoque se alinea con lo que el teórico político Michael Dawson llama «utopismo pragmático [...], que parte de nuestra situación actual para imaginar hacia dónde queremos llegar» y combina un conjunto de objetivos libres de las restricciones del sentido común vigente con un «realismo político obstinado», orientado a encontrar las estrategias y tácticas necesarias para transformar tanto ese sentido común como el propio mundo que lo sostiene.[31]

En lo relativo al conocimiento y a la información, una política constructiva se centraría, ante todo, en crear instituciones y prácticas políticamente relevantes de recopilación de datos en lugar de conceder todo el foco a los colectivos o a los portavoces que las representen. Esta política antepondría la responsabilidad a la conformidad. Estaría directamente orientada a la redistribución del poder y de los recursos sociales y no se conformaría

---

31 Michael C. Dawson, *Blacks in and out of the Left* (Cambridge, MA: Harvard University Press, 2013), 194.

con conquistas parciales a cambio de gestos meramente simbólicos. Su propósito sería construir y reconstruir espacios, no simplemente regular el tráfico entre ellos o en su interior. Este enfoque coincide con lo que la teórica política Adom Getachew describe como un proyecto «de reconstrucción de mundos» *(worldmaking)*, cuya finalidad es rehacer las estructuras sociales de interacción y movilidad que conforman nuestra realidad más que limitarse a criticar las existentes.[32]

Este libro está dirigido a quienes desean resultados diferentes, a quienes aspiran a un sistema-mundo distinto y mejor que el actual. No es una guía práctica. Su propósito es acompañar a quienes realizan el arduo trabajo de transformar el mundo, ayudándolos a reconocer ciertas tendencias y trampas que entorpecen sus procesos organizativos y a dar respuestas estratégicamente más sólidas a los retos que presentan sus contextos particulares. Con ese fin en mente, me gustaría explicar con la mayor claridad posible mi visión sobre el problema de la apropiación de las élites y presentar la política constructiva como una posible respuesta a él. A partir de ahí, podremos decidir colectivamente qué otros pasos es necesario dar.

En las siguientes páginas pretendo responder algunas preguntas clave sobre la relevancia contemporánea de la apropiación de las élites y sobre cómo abordarla. En el capítulo 1, trato de exponer con detenimiento en qué consiste ese fenómeno. En el capítulo 2 desarrollo la descripción y me sirvo de ella para identificar dónde y por

---

32 Adom Getachew, *Worldmaking after Empire: The Rise and Fall of Self-Determination* (Princeton, NJ: Princeton University Press, 2019).

qué tiene lugar la apropiación por parte de las élites dentro del marco social actual. Con este contexto ya planteado, el capítulo 3 analiza cómo la política de la deferencia —una cultura vinculada y derivada de la política de la identidad— contribuye a reforzar la apropiación que las élites realizan de la política identitaria. Por último, el capítulo 4 se cierra con una reflexión sobre un enfoque alternativo que denomino política constructiva.

# 1. La apropiación de las élites

En 1957, E. Franklin Frazier publicó una obra de sociología tan influyente como controvertida: *Black Bourgeoisie* [La burguesía negra]. Este libro fue, entre muchas otras cosas, un análisis pionero de la apropiación de las élites, un texto clave para comprender el fenómeno en toda su profundidad.

Edward Franklin Frazier, hijo de James y Mary Clark Frazier, nació en Baltimore, Maryland, en 1894. Aunque su padre había aprendido a leer y a escribir sin haber asistido jamás a la escuela, esos signos de respetabilidad tan arduamente conquistados no lo protegieron de las humillaciones propias de la vida laboral para un hombre negro en una sociedad racista. Aun así, James inculcó a sus hijos el valor de la educación. Durante su paso por las escuelas públicas de Baltimore, Edward pareció tomarse muy en serio el mensaje y se graduó entre los primeros de su promoción. Su esfuerzo fue recompensado con una beca para la Howard University.[33]

Tras licenciarse con matrícula de honor en esta institución, E. Franklin Frazier se dedicó a la docencia mientras continuaba su formación académica. Ejerció como profesor en el Instituto Tuskegee de Alabama y posteriormente asumió el cargo de director en la Escuela de Trabajo Social de Atlanta, donde un grupo de académicos negros al que pertenecía W. E. B. Du Bois estaban dando forma a la sociología negra y a la sociología estadounidense. Aunque es probable que los estudios de estos intelectuales influyeran en el pensamiento posterior de Frazier, su estancia en Atlanta resultó breve. Después de que lo despidieran en 1927, se trasladó con su mujer Marie a Chicago y obtuvo el título de doctor en sociología mientras impartía clases en la Fisk University. En 1943 consiguió una plaza en la Howard University de Washington y continuó trabajando allí hasta su muerte.[34]

Frazier alcanzó un éxito poco común, especialmente para un académico negro de su época, y conquistó esa posición asumiendo numerosos riesgos intelectuales. Sus opiniones sobre la familia negra suscitaron unos debates de alcance histórico con su colega, el sociólogo Melville

---

33 Tony Platt, «E. Franklin Frazier Reconsidered», Social Justice 16, n.º 4 (1989): 186-95; Malik Simba, «E. Franklin Frazier (1894-1962)», *Black Past*, 19 de enero de 2007, https://www.blackpast.org/african-american-history/frazier-e-franklin-1894-1962/; Arthur P. Davis, «E. Franklin Frazier (1894-1962): A Profile», *Journal of Negro Education* 31, n.º 4 (1962): 429-35.

34 Tony Platt y Susan Chandler, «Constant Struggle: E. Franklin Frazier and Black Social Work in the 1920s», *Social Work* 33, n.º 4 (1988): 293-97.

Herskovits, que muchas décadas después siguen ejerciendo una poderosa influencia en la investigación académica y en la política.[35] Su despido de Atlanta en 1927 se debió a un artículo titulado «The Pathology of Race Prejudice» [La patología de los prejuicios raciales], que rompió un tabú al analizar a los blancos sureños con el mismo enfoque antropológico que solía aplicarse a «otros» pueblos. El hecho de que Frazier sostuviera que el racismo de los blancos sureños hacia los negros es una forma de locura no debió de contribuir en nada a calmar las aguas. El artículo fue publicado por el *Atlantic Constitution*, un periódico local, y poco después, los Frazier comenzaron a recibir amenazas de muerte.[36] La vieja «cultura de la cancelación» se había puesto en marcha.

Pero la controversia más conocida en torno a Frazier no estalló hasta tres décadas después, con la publicación en 1957 de su estudio sociológico sobre la clase media negra estadounidense, *Black Bourgeoisie*. En la obra, Frazier acusa a la clase media negra de ser un grupo inseguro e impotente que construye constantemente un mundo de «fantasías» para lidiar con el «complejo de

---

35  *The Negro Family in the United States* [La familia negra en Estados Unidos], el libro de Frazier publicado en 1939, fue una obra sociológica muy aplaudida por su exploración de la vida cotidiana de las personas negras. Véase también Randal Maurice Jelks y Ayesha K. Hardison, «Black Love after E. Franklin Frazier: An Introduction», *Women, Gender, and Families of Color* 7, n.º 2 (2019): 108-12.

36  Lori Martin, «Africana Demography: Lessons from Founders E. Franklin Frazier, WEB Du Bois, and the Atlanta School of Sociology», *Issues in Race and Society* 8 (2019): 5-28; Earl Wright y Thomas C. Calhoun, «Jim Crow Sociology: Toward an Understanding of the Origin and Principles of Black Sociology via the Atlanta Sociological Laboratory», *Sociological Focus* 39, n.º 1 (2006): 1-18.

inferioridad» que padecen a causa de la brutal historia de dominación racial de Estados Unidos. La polémica estalló de inmediato. En el prefacio a la edición de 1962, Frazier recuerda que cuando se publicó por primera vez le llovieron tantos elogios por su valentía como amenazas explícitas de violencia.

Casi al mismo tiempo que Frazier estudiaba a la burguesía negra estadounidense, Frantz Fanon escribió unas obras de filosofía política de suma importancia en las que examinaba a las clases medias africanas de mediados de siglo xx. Los enfoques de ambos autores presentan sorprendentes paralelismos. Fanon escribió durante la oleada de movimientos de liberación e independencia nacional en Asia y África que siguió a la Segunda Guerra Mundial, un período de enormes oportunidades y de gran incertidumbre política. Las clases medias africanas que describía estaban a punto de convertirse en la élite dirigente de las nuevas sociedades poscoloniales y eran, en su opinión, un grupo social «subdesarrollado» que «no se dedicaba ni a la producción, ni a la invención, ni a la construcción, ni al trabajo» y que, por ende, estaba condenado a desempeñar labores de «intermediación»: es decir, a «participar en una competición permanente, a estar siempre en el ajo».[37]

Los fracasos de esta nueva clase dominante poscolonial explican, en parte, por qué Fanon sospechaba que se apropiaría, diluiría y, en última instancia, subvertiría

---

37 Frantz Fanon, *The Wretched of the Earth*, Constance Farrington, trad. (Nueva York: Grove, 1963), 149-51 [*Los condenados de la tierra* (Pamplona: Txalaparta, 1999)].

la energía de la lucha antiimperialista.[38] «En lugar de ser la cristalización omniabarcante de las esperanzas íntimas de un pueblo, el resultado inmediato y más obvio de su movilización —advertía—, la conciencia nacional se convertirá a la postre en una cáscara vacía, en una parodia burda y frágil de lo que podría haber sido».[39]

Esta predicción pareció cumplirse. Los movimientos de independencia nacional reemplazaron formalmente al régimen colonial para lanzarse de cabeza al neocolonialismo: una situación en la que las nuevas élites gobernantes de estas naciones estaban o bien fuertemente controladas por las grandes compañías y los Gobiernos de las antiguas potencias coloniales —y por el sistema internacional que estas dominaban—, o bien en connivencia directa con ellos.[40] El académico Georges Nzongola-Ntalaja, experto en estudios africanos, lo resumió a principios de la década de 1980, poco después de la ola de movimientos independentistas, de la siguiente manera:

> Las masas esperaban que sus condiciones de vida mejorasen tras la independencia: eso fue, de hecho, lo que estos líderes les prometieron. Pero la promesa no se cumplió, entre otras muchas razones porque la lucha anticolonial había enmascarado los conflictos de intereses entre la pequeña burguesía y la gente corriente. Estos conflictos se

---

38 Fanon, *Wretched of the Earth*, 148.
39 Fanon, «The Trials and Tribulations of National Consciousness», capítulo 3 de *The Wretched of the Earth* (1961), Richard Philcox, trad. (Nueva York: Grove, 2004), 97-144.
40 Kwame Nkrumah, *Neo-Colonialism: The Last Stage of Imperialism* (Nueva York: International Publishers, 1966).

pusieron de manifiesto tras la independencia, cuando los nuevos gobernantes, en lugar de cumplir sus promesas, respondieron a las demandas populares con más promesas o con represión.[41]

¿Por qué la «lumpenburguesía» negra estadounidense —como la denominó Frazier— y las recién ascendidas clases dominantes africanas fueron tan ineficaces a la hora de mejorar las condiciones sistémicas de las personas negras como colectivo? Tanto Frazier como Fanon atribuyeron estas limitaciones a una serie de fracasos intelectuales y políticos.

Según Fanon, las clases medias africanas estaban convencidas de que podían «sustituir de manera ventajosa a la clase media de la madre patria»; una postura que en su opinión solo delataba un «narcisismo voluntarista» y cierta «pereza intelectual».[42] Por su parte, Frazier fue igualmente mordaz en sus críticas, muchas de las cuales se dirigieron contra la prensa negra, a la que consideraba «el medio de comunicación principal que crea y perpetúa el mundo de fantasía de la burguesía negra». Aunque reconocía las contribuciones históricas de algunas publicaciones, como el *Chicago Defender,* y de los primeros órganos abolicionistas, como el *Frederick Douglass's Paper,* Frazier recalcaba que «la exigencia de igualdad para cualquier persona negra en el marco del modo de vida estadounidense se centra en las oportunidades que beneficiarán económicamente a la burguesía negra y mejorarán el estatus social del negro».

41 Bernard Magubane y Nzongola-Ntalaja, *Proletarianization and Class Struggle in Africa* (San Francisco: Synthesis Publications, s.f.), 57.
42 Fanon, *Wretched of the Earth* (2004 ed.), 97-144.

A su juicio, la élite que controlaba los principales medios de comunicación negros priorizaba los intereses de estos subgrupos sin considerar el bienestar del colectivo en su conjunto. Y citaba como ejemplo la celebración por parte de la prensa negra de la elección de un médico negro como presidente de una filial de la American Medical Association, a pesar de que se había opuesto a la creación de un programa nacional de salud y la propia AMA rechazaba la «medicina socializada».[43] Una clara manifestación de la vieja política de la respetabilidad.

Uno de los argumentos centrales de *Black Bourgeoisie* gira en torno a una estrategia política para el progreso racial que se barajó durante varias generaciones: el proyecto de construir una economía negra independiente dentro de Estados Unidos. La National Negro Business League de Booker T. Washington, que celebró su primera reunión en 1900 en Boston, Massachusetts, es un ejemplo paradigmático de esta estrategia que se presentó con gran entusiasmo y fanfarria entre los líderes empresariales de la comunidad negra. Frazier sostenía, sin embargo, que el enfoque de Washington era fundamentalmente erróneo y se basaba en un análisis equivocado de la situación económica de las personas afroamericanas en aquella época. El patrimonio neto combinado de los ciento quince asistentes a la inauguración de la National Negro Business League no alcanzaba el millón de dólares. Más de seis décadas después, cuando Frazier escribió su libro, los once bancos de propiedad negra

---

43 E. Franklin Frazier, *Black Bourgeoisie* (Nueva York: Free Press, 1997), 104.

del país juntos no representaban el capital del banco local medio de cualquier ciudad pequeña con una población mayoritariamente blanca. Frazier concluyó, por tanto, que la idea de una economía afroamericana era una quimera, un sueño irrealizable.[44]

Construir una economía nacional negra no solo era matemáticamente casi imposible, según Frazier, sino también una ingenuidad desde el punto de vista político. Cualquier economía de este tipo tendría que operar dentro de la realidad política vigente, lo que la haría vulnerable a las influencias externas a pesar de ser un intento de respuesta a esa misma vulnerabilidad. En opinión de Frazier, si a la gente se la convence de que solo consuma productos de la comunidad negra, pero sigue realizando sus compras con el dinero que gana trabajando en una planta de la empresa Ford, nunca se conseguirá crear una economía negra.

¿Por qué sigue vigente el mito de una economía negra como solución integral al racismo pese a que destacados empresarios de color llevan décadas reconociendo que se trata de una ilusión, de un proyecto poco realista? Según Frazier, la persistencia de esta idea responde a los intereses de clase específicos de la pequeña pero poderosa burguesía negra que la impulsó. Una parte de este grupo estaba formada por propietarios de negocios que aspiraban a monopolizar el mercado afroamericano; otra parte estaba compuesta por profesionales asalariados —el sector mayoritario de la clase media negra a mediados

---

44 Frazier, «Negro Business: A Social Myth», capítulo 7 de *Black Bourgeoisie*, 153-73.

del siglo xx— que buscaban abrirse paso en empresas de marketing propiedad de personas blancas gracias a su supuesto conocimiento del inmenso potencial que tenía el poder adquisitivo negro en el contexto económico de la Guerra Fría.

Frazier afirma que, tanto en la prensa como en los ámbitos empresariales negros, «la burguesía negra no ha mostrado ningún interés por la "liberación" de los negros», salvo cuando «afecta a su propio estatus o a su aceptación por parte de la comunidad blanca».[45] Sostiene, asimismo, que «la burguesía negra ha explotado a las masas negras de forma tan despiadada como las personas blancas» siempre que se les ha presentado la oportunidad.[46] Frazier probablemente exagera en este punto, pero su libro, al igual que la obra de Fanon, ofrece una visión incisiva sobre la apropiación de las élites que sigue siendo enormemente relevante y valiosa para el análisis de nuestra coyuntura.

Hoy estamos tan alejados en el tiempo de *Black Bourgeoisie* de Frazier y de *Piel negra, máscaras blancas* de Fanon como ellos lo estaban de la National Negro Business League de Booker T. Washington. Sin embargo, poco ha cambiado. En su exhaustivo análisis del estado actual de esta corriente política, Jared A. Ball, experto en comunicación, describe un panorama político sorprendentemente similar al que Frazier detalló hace más de medio siglo. Aunque se han producido ciertos cambios y giros, Ball señala que la última versión del mito que vincula la

---

45 Frazier, *Black Bourgeoisie*, 235.
46 Frazier, *Black Bourgeoisie*, 236.

economía negra con la libertad se centra exclusivamente en el poder económico de los afroamericanos como consumidores, dejando de lado su papel como banqueros o productores. Según este mito, los afroamericanos poseen más de mil millones de dólares en poder adquisitivo que podrían utilizar para alcanzar mayores cuotas de poder y libertad, pero que malgastan en moda y otras frivolidades. Ball sostiene que esta idea del «poder adquisitivo» fue desarrollada por las élites políticas y empresariales estadounidenses a través de una alianza implícita con el empresariado negro y las élites mediáticas: más o menos el mismo grupo que Frazier denominó la «lumpenburguesía» negra.[47] Además, Ball señala que esta variante del mito del «poder adquisitivo» no solo desvía la atención de las causas estructurales de la explotación y la opresión, sino que culpa al supuesto «analfabetismo financiero» de las personas negras pobres en lugar de denunciar las condiciones sociales y económicas que las marginan sistemáticamente.[48]

El análisis de Ball retoma y reafirma el de Frazier: en cada una de sus versiones, el «movimiento por una economía negra» se sostiene sobre un mito y una realidad material. El mito es la posibilidad de una economía negra aislada, cuando realmente son los intereses inmediatos de una élite negra reducida y bien posicionada los que actúan como el verdadero motor de esta narrativa. En las dos historias, es el problema —las instituciones y

---

47 Jared A. Ball, *The Myth and Propaganda of Black Buying Power* (Nueva York: Springer, 2020).
48 Ball, «Introduction» en *Black Buying Power*, 1-10.

las pautas marcadas por el *statu quo*— lo que irónicamente se presenta como solución.

### ¿Quién domina el mundo? Las élites

Frente a este problema disfrazado de solución, Frazier y Ball aciertan en un punto crucial que muchos críticos de la «política de la identidad» —así como de la «cultura de la cancelación», del «wokismo» y de muchas otras etiquetas de candente actualidad— suelen pasar por alto. En su opinión, estos tipos de compromiso político reflejan las preocupaciones sociales de los «blancos ricos» o de la «clase profesional-directiva». Y no están del todo equivocados. Pero se trata de un rasgo que la política de la identidad, el wokismo y otros movimientos similares comparten con *casi cualquier otro aspecto* de la vida: el creciente dominio de los intereses de las élites y su control sobre los aspectos fundamentales de nuestro sistema social. Esto sucede porque las élites tienden a apropiarse de casi todo en nuestro mundo social. En otras palabras: el problema no es solo que lo *woke* sea demasiado blanco, sino que *todo* lo es.

La blanquitud y el elitismo son conceptos muy diferentes, es cierto. Sin embargo, la conexión entre ellos resulta válida para nuestros propósitos, dado que ambas ideas han ido de la mano en muchas partes del mundo durante los últimos siglos, con consecuencias que han moldeado todo lo que nos rodea.

La preocupación central de este libro es el elitismo en sí mismo, y lo cierto es que no existen reglas estrictas sobre qué tipo de persona o perfil puede pertenecer a esa categoría. A veces puede considerarse a alguien parte de la élite por la manera en que las personas han decidido —o se han visto obligadas— a relacionarse con algún aspecto de su identidad social. En otras ocasiones, formar parte de la élite responde a ventajas más circunstanciales: un alto nivel educativo, riqueza o prestigio social; en ciertos casos, basta con ser el único miembro de un grupo presente en un espacio determinado. Según la politóloga Jo Freeman, «el término *élite* designa a un pequeño grupo de personas que tiene poder sobre un grupo más grande al que pertenece, sin ejercer por lo general ninguna responsabilidad directa ante ese grupo y a menudo sin su conocimiento o consentimiento».[49] Como se observa, Freeman no entiende el estatus de la «élite» como una identidad fija, sino como una relación contingente, específica de un contexto particular, entre un grupo reducido y otro más amplio.

La apropiación de las élites ocurre cuando unos pocos privilegiados redirigen hacia sus propios intereses y objetivos los recursos e instituciones que deberían servir al conjunto de la sociedad. El término se utiliza en economía, ciencias políticas y otras disciplinas afines para describir cómo las personas más privilegiadas socialmente tienden a apropiarse de beneficios que en un principio estaban destinados a todos.[50] En este sentido, se ha em-

---

49 Jo Freeman, «The Tyranny of Structurelessness», web oficial de Jo Freeman, https://www.jofreeman.com/joreen/tyranny.htm.
50 A modo de ejemplo, véase Monica Martinez-Bravo, Priya Mukherjee y Andreas Stegmann, «The Non-democratic Roots of Elite Capture: Evidence from Soeharto Mayors in Indonesia», *Econometrica* 85, n.º 6 (2017): 1991-2010; Pranab K. Bardhan y Dilip Mookherjee, «Capture and Governance at Local and National Levels», *American Economic*

pleado de forma similar al concepto de *corrupción*, mucho más popular, y se ha identificado con conductas y síntomas muy parecidos de influencia indebida, como el soborno.[51] Pero la idea se ha usado para describir, en general, cómo las personas que gozan de una mejor posición y cuentan con más recursos pueden apoderarse de cualquier proyecto político, ya sea en el momento de su concepción o durante su ejecución.

Como señala la economista Diya Dutta, el concepto de la apropiación de las élites alude fundamentalmente a «la persistencia de un acceso desigual al poder: en virtud del linaje o la casta a la que pertenecen, de su riqueza económica, de su género o de otras razones, algunas personas disfrutan de más facilidades para acceder al poder y, en consecuencia, tienen una capacidad desproporcionada para influir en la asignación de fondos y de recursos».[52] Los bienes y recursos públicos —como el conocimiento, los valores y la propia atención— se distribuyen de manera tan injusta como la riqueza material y el poder político. De hecho, los patrones de distribución de todos estos recursos se distorsionan de manera semejante y por razones similares. La apropiación de las élites es, en última instancia, un síntoma ineludible de sistemas sociales con desequilibrios de poder tan profundos como estructurales.

---

*Review* 90, n.º 2 (2000): 135-39; Daron Acemoglu y James A. Robinson, «Persistence of Power, Elites, and Institutions», *American Economic Review* 98, n.º 1 (2008): 267-93.

51 Diya Dutta, «Elite Capture and Corruption: Concepts and Definitions», *National Council of Applied Economic Research*, 2009, 4.

52 Dutta, «Elite Capture and Corruption», 5.

## ¿Acaso importa la democracia?

Si la teoría política liberal ofreciera una visión precisa de la realidad —lo cual está lejos de ser cierto—, podría concluirse que el equilibrio de poder en muchas regiones del mundo es, al menos, aceptable. Después de todo, infinidad de países se autoproclaman democracias, y el sistema democrático se basa teóricamente en un saludable equilibrio de poderes. En estas democracias, al menos en apariencia, las élites (los responsables políticos) son elegidas por la gente común (los ciudadanos), que tiene el poder de destituirlas y sustituirlas si no defienden los intereses públicos. Al igual que en el mito del mercado, se supone que la democracia liberal es, por definición, un sistema que se corrige y se legitima a sí mismo. Este marco conceptual sobre poder y gobernanza ha sido fundamental para la narrativa que vincula «libertad» y «capitalismo» dentro de los ideales y prácticas de la democracia liberal: la libertad de un país solo necesita canalizarse a través de las urnas y no, por ejemplo, en los centros de trabajo.[53] Así pues, quienes creen en la democracia liberal sostienen que los desequilibrios de poder podrían resolverse de manera sencilla con la instauración de mecanismos como el «orden internacional basado en reglas», las «elecciones democráticas» y la «representación política formal». En pocas palabras, si los ideales correctos se plasman en un sistema formal adecuado, el resultado, sea cual sea, se considerará automáticamente justificado.

53 Wendy Brown, «Neo-Liberalism and the End of Liberal Democracy» *Theory and Event* 7, n.º 1 (2003); Tyler Stovall, *White Freedom: The Racial History of an Idea* (Princeton, NJ: Princeton University Press, 2021).

Seamos claros: los acuerdos formales importan, y mucho. Expresiones como *representación política formal* tienen una importancia genuina, pues los lugares con menos representación política realmente tienden a funcionar de manera muy diferente a aquellos con mayor presencia democrática. Sin embargo, estos términos a menudo se emplean a la ligera y acaban vaciándose de significado. Por ello, si queremos depositar nuestras esperanzas en los ideales de la responsabilidad democrática, tenemos que reflexionar sobre lo lejos que estamos de alcanzar siquiera ese mínimo estándar a la hora de controlar nuestras propias vidas. Tras muchas décadas de retórica demoliberal, las estructuras reales de toma de decisiones rara vez se sustentan en una auténtica responsabilidad democrática.

Lo más habitual es abordar el fenómeno de la apropiación de las élites en el ámbito nacional estadounidense. En su libro *From #BlackLivesMatter to Black Liberation* [Del #BlackLivesMatter a la liberación negra], la profesora de Princeton Keeanga-Yamahtta Taylor cita un ejemplo revelador: el respaldo que los miembros del grupo afroamericano del Congreso ofrecieron en 1986 a la Ley Antidroga de la Administración Reagan. Esta disposición contribuyó significativamente a que aumentase el número de personas encarceladas mediante la implementación de sentencias mínimas obligatorias y la asignación de mil setecientos millones de dólares adicionales a la guerra contra las drogas, al tiempo que los programas sociales sufrían drásticos recortes.[54] La

---

54 Keeanga-Yamahtta Taylor, *From #BlackLivesMatter to Black Liberation* (Chicago: Haymarket Books, 2016), 100.

legislación benefició tanto a los reaganistas como a las élites negras del grupo afroamericano del Congreso, al permitirles proyectar una imagen de acción y dinamismo frente a la epidemia de *crack*. Ahora bien, su aprobación transformó la situación de la clase trabajadora afroamericana, cuyos miembros pasaron de padecer una situación muy compleja —la epidemia de las drogas— a sufrir dos problemas relacionados entre sí: la persistencia de la crisis del *crack*, que las medidas draconianas del Gobierno no lograron atajar, y el aumento de la discriminación policial que la propia ley desencadenó. Estas consecuencias llevaron al senador demócrata Daniel Patrick Moynihan a realizar una sorprendente reflexión: «Si culpamos al *crack* de la delincuencia, nuestros políticos salen indemnes. Se olvidan los fallos del sistema educativo, el efecto nocivo de los programas de asistencia social, los barrios arrasados, los años perdidos. Solo el *crack* tiene la culpa. A uno le da incluso por pensar que, si el *crack* no existiese, alguien tendría que recibir una subvención federal para inventarlo».[55]

A menudo se afirma que el Gobierno federal fue el responsable directo de la epidemia de *crack*.[56] Con todo, tampoco tiene demasiado sentido preguntarse si realmente hubo una conspiración. La combinación de pereza, indiferencia flagrante y oportunismo fue más que suficiente:

---

55 Citado en David Farber, *Crack: Rock Cocaine, Street Capitalism, and the Decade of Greed* (Cambridge, RU: Cambridge University Press, 2019), 144.

56 Ryan Devereaux, «How the CIA Watched Over the Destruction of Gary Webb», The Intercept, 25 de septiembre de 2014, https://theintercept.com/2014/09/25/managing-nightmare-cia-media-destruction-gary-webb/.

las élites al cargo de la financiación y la supervisión actuaron según sus propios intereses y no tuvieron en cuenta los efectos negativos que sus decisiones previsiblemente iban a tener sobre las personas a las que representaban.

Y luego está el capital. Durante las décadas de 1950 y 1960 se produjeron importantes innovaciones en la gestión empresarial, especialmente en Estados Unidos, que tras la Segunda Guerra Mundial ocupaba cómodamente la cima de la economía global: las compras apalancadas, las desinversiones, las fusiones, la venta de «empresas secundarias» y otras formas de reorganización corporativa impulsadas por accionistas ávidos de beneficios.[57] Estas tendencias se intensificaron en la década de 1980 y dieron lugar a lo que algunos investigadores han llamado la «revolución de los accionistas»: una proliferación de técnicas de gestión por virtud de la cual los mismos directivos que en el pasado no paraban de darse humos quedaron bajo la estricta disciplina de los accionistas más activos.[58] Esta segunda fase coincidió con una «revolución

---

57  Neil Fligstein y Linda Markowitz, «Financial Reorganization of American Corporations in the 1980s», *Sociology and the Public Agenda*, 1993, 185-206; Neil Fligstein y Taek-Jin Shin, «The Shareholder Value Society: A Review of the Changes in Working Conditions and Inequality in the United States, 1976 to 2000», *Social Inequality*, 2004, 401-32; Samuel Knafo y Sahil Jai Dutta, «The Myth of the Shareholder Revolution and the Financialization of the Firm», *Review of International Political Economy* 27, n.º 3 (2020): 476-99; Peter Nolan, Jin Zhang y Chunhang Liu, «The Global Business Revolution, the Cascade Effect, and the Challenge for Firms from Developing Countries», *Cambridge Journal of Economics* 32, n.º 1 (2008): 42-43.
58  Doug Henwood, «Take Me to Your Leader: The Rot of the American Ruling Class», *Jacobin*, 27 de abril de 2021, https://jacobinmag.com/2021/04/take-me-to-your-leader-the-rot-of-the-american-ruling-class.

empresarial global» más amplia que supuso «una rápida concentración mundial en torno a numerosas industrias que suministraban bienes y servicios» a las plantas de «integración de sistemas»: un pequeño número de grandes empresas capaces de estructurar la producción global en torno a su modelo de negocio y a sus activos «centrales».[59]

Las élites que controlan las grandes empresas de «integración de sistemas» no se han limitado a reorganizar la producción mundial en función de la maximización del valor para el accionista. Van más allá: están reconfigurando el orden global en su totalidad. Han creado un sistema judicial paralelo a través de mecanismos de «arbitraje» para evitar que ciertas industrias y sectores estén sujetos a la más mínima supervisión de carácter judicial.[60] Los proyectos de servicios públicos en todo el mundo, especialmente en el sur global, se financian mediante «asociaciones público-privadas»: es decir, «acuerdos contractuales a largo plazo en los que el sector privado asume la financiación y gestión de los servicios públicos […] siempre que el Estado comparta los riesgos». Los economistas Ndongo Samba Sylla y Daniela Gabor señalan que este modelo es un rasgo definitorio del capitalismo racial:

59 Knafo y Dutta sostienen, junto con un análisis anterior de Fligstein y en contra de gran parte de la literatura existente, que la revolución de los accionistas en la década de 1980 fue una etapa más de un proceso más largo de cambios importantes en la gobernanza empresarial. La cita de esta sección procede del análisis de Nolan, Zhang y Liu. Knafo y Dutta, «The Myth of the Shareholder Revolution and the Financialization of the Firm»; Nolan, Zhang y Liu, «The Global Business Revolution, the Cascade Effect, and the Challenge for Firms from Developing Countries», 43.

60 Benjamin P. Edwards, «Arbitration's Dark Shadow», *Nev. LJ* 18 (2017): 427.

garantiza la estabilidad financiera para los accionistas a costa de la precariedad económica y de otras formas de vulnerabilidad para las poblaciones locales en países como Senegal y Costa de Marfil, donde se imponen tarifas elevadas para acceder a infraestructuras financiadas por el sector privado.[61] Para agravar aún más la situación, los gigantes tecnológicos de las redes sociales controlan enormes franjas de la economía global de la atención y gestionan plataformas en las que proliferan los abusos. Una investigación de 2021, realizada por la periodista Karen Hao, reveló que las principales páginas de Facebook dirigidas a «estadounidenses cristianos» y «estadounidenses africanos» estaban gestionadas por granjas de troles que manipulaban los algoritmos de la red social para difundir información a decenas de millones de usuarios estadounidenses con el fin de agravar la polarización social y sacar partido de ella. Estas granjas también operan en India, Reino Unido y a lo largo de Centroamérica y Sudamérica.[62]

La apropiación de las élites es quizás más evidente a nivel transnacional, donde una serie de grandes instituciones globales, que no se molestan siquiera en hacer el menor ejercicio democrático de rendición de cuentas, se

---

61  Daniela Gabor y Ndongo Samba Sylla, «Planting Budgetary Time Bombs in Africa: The Macron Doctrine En Marche», *CADTM*, 18 de septiembre de 2021, https://www.cadtm.org/Planting-budgetary-time-bombs-in-Africa-the-Macron-Doctrine-En-Marche.
62  Karen Hao, «Troll Farms Reached 140 Million Americans a Month on Facebook before 2020 Election, Internal Report Shows», *MIT Technology Review*, 16 de septiembre de 2021, https://www.technologyreview.com/2021/09/16/1035851/facebook-troll-farms-report-us-2020-election/.

encargan de tomar las decisiones de mayor peso. Estas organizaciones surgieron durante la reconstrucción del orden mundial en los últimos años de la Segunda Guerra Mundial, en un momento en que Estados Unidos se consolidaba como potencia hegemónica. Los arquitectos de este nuevo sistema se reunieron en Bretton Woods, New Hampshire, y crearon el Fondo Monetario Internacional (FMI) y lo que posteriormente sería el Banco Mundial. A pesar de la apariencia estrictamente «técnica» de sus competencias, estas organizaciones poseen un inmenso poder y un amplio margen de acción en términos de gobernanza global. Ofrecen paquetes de ayuda condicionados a la adopción de ciertas decisiones de naturaleza política por parte de los países receptores; decisiones que comprometen la disponibilidad de puestos de trabajo, el funcionamiento de los servicios públicos y el precio de los alimentos. De este modo, aspectos fundamentales de la vida de las personas que no pertenecen a las élites quedan bajo el control de burócratas extranjeros sobre quienes las poblaciones locales no pueden ejercer ningún tipo de control ni establecer un vínculo mínimamente democrático.

En la década de 1980 se pusieron en marcha unos «programas de ajuste estructural» especialmente controvertidos, mediante los que el FMI obligó a algunos Gobiernos a liberalizar su economía y a devaluar sus divisas como condición innegociable para acceder a los préstamos que necesitaban.[63] ¿Por qué se aceptaron semejantes

---

63 York W. Bradshaw y Jie Huang, «Intensifying Global Dependency: Foreign Debt, Structural Adjustment, and Third World Underdevelopment», *Sociological Quarterly* 32, n.º 3 (1991): 321-42; Issa G. Shivji,

requisitos? En términos generales, porque los regímenes coloniales llevaban siglos esquilmando la riqueza de
las colonias a través de múltiples vías. Hoy en día, tanto
el Banco Mundial como el FMI continúan alentando a
las naciones poscoloniales a mantener unos niveles de
deuda titulizada elevados y abusivos. Al conservar el control financiero, estas instituciones actúan como órganos
de gobierno *de facto*, condicionando la concesión de las
ayudas indispensables a la adopción de políticas que distorsionan el panorama político y afectan negativamente
las realidades locales.[64]

El control que las instituciones de Bretton Woods ejercen carece de la más mínima apariencia democrática.
Dado que el voto dentro de ellas se asigna en función de
la riqueza y no del número de habitantes, los países de
renta media y baja —que representan gran parte del sur
global y concentran el 85% de la población mundial—
disponen de una cuota minoritaria de votos.[65] Así pues, el
proceso de votación en estas instituciones favorece a los
bloques de poder del pasado y no responde a las necesidades actuales. Además, los dirigentes del Banco Mundial y del FMI suelen proceder de Estados Unidos y de
Europa, y son nombrados por estos países sin someterse a
ningún tipo de proceso electivo que remotamente pueda
considerarse democrático.

---

«Samir Amin on Democracy and Fascism», *Agrarian South: Journal of
Political Economy* 9, n.º 1 (2020): 12-32.

64 Keston Perry, «Realising Climate Reparations: Towards a Global
Climate Stabilization Fund and Resilience Fund Programme for Loss
and Damage in Marginalised and Former Colonised Societies», *Social
Science Research Network*, 2020.

65 Hickel, «Apartheid in the World Bank and the IMF».

En los últimos tiempos se han producido intentos genuinos de cuestionar la autoridad del Banco Mundial y del FMI. A lo largo de varias décadas, los electorados de América Latina han elegido de forma reiterada a líderes populistas como respuesta a los avances del capitalismo neoliberal. Sin embargo, el resultado de estas experiencias ha sido contradictorio y los fracasos han derivado muchas veces en violencia. La sociedad ecuatoriana, por ejemplo, se ha visto sacudida durante muchos años por el enfrentamiento entre grupos «nacionalistas extractivistas» y «antiextractivistas». Este debate surgió —o más bien cabría decir que se volvió inevitable— debido a que el país depende de los combustibles fósiles para financiar sus proyectos sociales y para pagar su deuda soberana.[66]

En el periodo que va de la Segunda Guerra Mundial a la actualidad, la relación funcional entre el capitalismo y la democracia liberal —con su apariencia de legitimidad popular— se ha debilitado en todo el mundo. Por ello, el jurista Issa Shivji considera que la democracia liberal se encuentra «en estado de sitio» y, en su opinión, su decadencia se debe a las trampas sociológicas que el capitalismo monopolista ha impuesto: «Un crecimiento sin empleo, un reparto injusto de la riqueza y unos niveles insoportables de desigualdad»; factores que han alienado a gran parte de la población del sistema político.[67] De manera similar, el sociólogo Wolfgang Streeck sostiene

---

66 Thea Riofrancos, *Resource Radicals: From Petro-nationalism to Post-extractivism in Ecuador* (Durham, Carolina del Norte: Duke University Press, 2020).

67 Shivji, «Samir Amin on Democracy and Fascism», 13.

que el ideal de la democracia liberal lleva décadas en un agudo proceso de descomposición. A su juicio, lo que está acabando con la democracia no es un cataclismo o un acontecimiento violento, sino la progresiva apropiación de lo político por parte de las élites: «A medida que se sucedían las crisis económicas, y con ellas la crisis fiscal de los Estados, el escenario del conflicto distributivo iba desplazándose hacia arriba y se alejaba del mundo de la acción ciudadana colectiva hacia lugares de decisión cada vez más remotos, donde los intereses aparecen como "obstáculos" de acuerdo con la jerga abstracta de especialistas y tecnócratas».[68]

## Apropiación a todas las escalas

Streeck identifica algunos rasgos característicos de la apropiación de las élites: la disminución de la acción colectiva por parte de la ciudadanía; la centralización de los lugares de decisión en espacios cada vez más remotos, y el ascenso de los tecnócratas. Estos patrones no solo son evidentes en el ámbito político nacional e internacional, sino también en niveles organizativos y en escalas más pequeñas y locales.

Consideremos, por ejemplo, el ámbito en el que trabajo: la academia. En *Philosophy of African American Studies*, Stephen Ferguson II, profesor de la North Carolina State University, describe el fenómeno de la apropiación

---

68 Wolfgang Streeck, *How Will Capitalism End?: Essays on a Failing System* (Londres y Nueva York: Verso, 2016), 20.

de las élites en el marco de los estudios negros. Este campo académico, cuya existencia se debe a los movimientos estudiantiles radicales de las décadas de 1960 y 1970, se ha convertido —según Ferguson— en «un engranaje burocrático de la maquinaria académica, controlado por personal administrativo y directivo, y prácticamente sin participación democrática por parte de los estudiantes ni de la comunidad negra de clase trabajadora».[69]

Este no es un caso único de la influencia que el aislamiento intelectual produce en la política negra. El Combahee River Collective se formó, en parte, como respuesta a la dificultad de concebir y ejercer la solidaridad a través de múltiples ejes superpuestos de diferencia: corrientes de género dentro de las luchas por la liberación negra; corrientes raciales dentro de los movimientos feministas, y corrientes de diversidad sexual y de género dentro de las organizaciones feministas negras. Ni estas tensiones ni las formas de apropiación por parte de las élites que representan eran nuevas en aquel momento. En *Mujeres, raza y clase*, Angela Davis ofrece un análisis magistral de otras formas similares de apropiación ejercidas por feministas bien posicionadas durante los movimientos antiesclavistas y las primeras oleadas de la lucha por los derechos de las mujeres en el siglo xix.[70] Algunos académicos sostienen que la obra del propio E. Franklin

---

69 Stephen Ferguson, *Philosophy of African American Studies: Nothing Left of Blackness* (Nueva York: Springer, 2015), 36.

70 Angela Yvonne Davis, «The Anti-slavery Movement and the Birth of Women's Rights», capítulo 2 y «Class and Race in the Early Women's Rights Campaign», capítulo 3 de *Women, Race, and Class* (Nueva York: Vintage, 1983), 30-69 [*Mujeres, raza y clase,* trad. Ana Varela Mateos (Madrid: Akal, 2022)].

Frazier ejemplifica alguna de estas tendencias, al vincular de manera excesivamente estrecha los problemas sociales de la comunidad negra con el predominio de hogares encabezados por una mujer.[71]

En lugar de ampliar el contexto en el que analizamos la apropiación de las élites e ir más allá, también podríamos mantener la misma escala pero invertir las identidades. Es decir, en lugar de centrarnos en la política de clase dentro de los estudios raciales, podríamos examinar la política racial dentro del activismo de clase, donde es posible observar cómo los blancos —las élites raciales— tienden a apropiarse de los procesos de toma de decisiones en las organizaciones socialistas, los sindicatos y otras estructuras similares.[72]

La apropiación de las élites no es un fenómeno exclusivo de la política negra. Consideremos, por ejemplo, las últimas décadas de política *queer*, que ilustra muy bien el provocador ensayo «You Wanted Same-Sex Marriage? Now You Have Pete Buttigieg» [¿Queríais el matrimonio entre personas del mismo sexo? Ahora tenéis a Pete Buttigieg]. En el texto, la redactora de *BuzzFeed* Shannon

---

71 Esta afirmación es quizás la más famosa de Angela Davis en *Mujeres, raza y clase*, pero ha sido objeto de debate en las décadas posteriores. Para un análisis que relaciona el relato de Frazier con el patriarcado, véase Curwood; para una defensa de Frazier, véase Semmes. Davis, 14; Anastasia Curwood, «A FRESH LOOK AT E. FRANKLIN FRAZIER'S SEXUAL POLITICS IN THE NEGRO FAMILY IN THE UNITED STATES», *Du Bois Review: Social Science Research on Race* 5, n.º 2 (2008): 325-37, https://doi.org/10.1017/S1742058X08080193; Clovis E. Semmes, «E. Franklin Frazier's Theory of the Black Family: Vindication and Sociological Insight», *J. Soc. & Soc. Welfare* 28, n.º 2 (2001): 3.

72 Dawson, *Blacks in and out of the Left*.

Keating lamenta que la política *queer* dominante se haya distanciado de sus propuestas más radicales y progresistas —como las que condujeron a los disturbios de Stonewall en 1969 y a la creación de la AIDS Coalition to Unleash Power (ACT UP) en Nueva York— y haya avanzado hacia objetivos asimilacionistas y prácticamente indistinguibles del *statu quo*, como los que representa el político del Partido Demócrata Pete Buttigieg: telegénico, monógamo, blanco, con una buena situación financiera y abiertamente cristiano. Como señala Keating, «parece que la mejor forma de que las personas *queer* salgan adelante sigue siendo actuar *como los demás*».[73] Barbara Smith, una de las fundadoras del Combahee River Collective (que, como se menciona en el capítulo 1, acuñó el término *política de la identidad*), dejó de participar activamente en el movimiento LGTBIQ+ más convencional precisamente por esas razones.[74]

Al analizar las distribuciones desiguales de poder, en cualquier escala y contexto, los patrones de apropiación de las élites se revelan como inevitables. En ausencia de mecanismos efectivos de control o limitación, el pequeño grupo que detenta el poder y el acceso a los recursos necesarios para definir, describir y construir las realidades políticas —es decir, las élites— tiende a apropiarse

---

73 Shannon Keating, «You Wanted Same-Sex Marriage? Now You Have Pete Buttigieg», *BuzzFeed News*, 11 de diciembre de 2019, https://www.buzzfeednews.com/article/shannonkeating/pete-buttigieg-marriage-equality-lgbtq-gay-rights.

74 Barbara Smith, «Barbara Smith: Why I Left the Mainstream Queer Rights Movement», *The New York Times*, 19 de junio de 2019, https://www.nytimes.com/2019/06/19/us/barbara-smith-black-queer-rights.html.

de los valores y los objetivos del conjunto social. Esto obliga al resto a alinearse con un proyecto social restringido, cuyas ambiciones reflejan de manera desproporcionada los intereses de quienes están en la cima. Cuando las élites toman las riendas, los intereses del colectivo se reducen, en el mejor de los casos, a aquellos puntos en que coinciden con los de arriba. En el peor, las élites se centran exclusivamente en sus intereses y no tienen reparos en aprovechar la bandera de la solidaridad para legitimar su poder.

En este capítulo, he tratado de materializar una idea que ya adelanté en la introducción: la apropiación de las élites es un problema político generalizado, no un fenómeno exclusivo de las políticas antirracistas o identitarias: reconocer que este proceso de expolio atraviesa todo nuestro sistema social global es un punto de partida necesario. Pero para abordar esta problemática es fundamental entender las razones profundas que la sustentan.

## 2. Comprender la coyuntura

Anne Eliza Riddle se encontraba en una posición muy poco común. Puede que su ama sintiese un entusiasmo inusual por la lectura. O puede que todo se debiese a la extraña claridad de su piel: si el rumor de que tenía un abuelo blanco era cierto, su ama podría, de hecho, haber sido su tía. Sea como fuere, el caso es que la propietaria de Anne infringió las leyes, y esta se encontró en la extraña circunstancia de ser una esclava negra que sabía leer.

Por meritorio que fuese ese pequeño acto de indulgencia de los plantadores, lo cierto es que quedó completamente eclipsado por las crueles realidades de la esclavitud, entre ellas la amenaza de vender a la madre y a los dos hermanos menores de Anne cuando esta era una adolescente para que sus amos pudieran superar ciertas dificultades económicas. En un acto de extraordinaria valentía, la joven se ofreció para ser subastada con el fin de mantener unida a su familia. Sin embargo, al no conseguir una oferta lo bastante alta, los plantadores retomaron su idea original y, por desgracia, terminaron separando a la familia.[75]

Unos años más tarde, durante la guerra de Secesión estadounidense, James Henry Woodson también vivió una situación poco común en territorio confederado. James estaba huyendo. Su dueño se lo había alquilado como trabajador a un hombre que lo puso a cavar zanjas. Sin embargo, James había dedicado su tiempo libre a fabricar trampas y muebles, y había conseguido reunir algunos ahorros vendiendo esos objetos. Un día, el hombre lo sorprendió trabajando en sus proyectos personales. Enfurecido por lo que consideraba una afrenta, intentó azotar a James. Pero este, consciente de que el ejército de la Unión estaba cerca, se defendió y huyó a casa de su dueño. La explicación que dio fue que había tenido una «pelea», pero el exasperado amo interpretó esa palabra como el síntoma de un problema mucho mayor. «¡Una pelea! —exclamó— ¡Ese es el problema ahora! Que todo el mundo es libre. Todo el mundo». A lo que James respondió tajante: «Sí, somos libres. [...] Y, como se te ocurra fastidiarme, te mato». Y se marchó de nuevo.[76]

Pero James no se limitó a huir del plantador blanco al que había amenazado. Se dirigió al este, a Richmond, Virginia, donde había oído que podría dar con algunos soldados unionistas. Cuando en efecto se encontró con un grupo de ellos, les relató su historia. Primero los guio

75 Robert F. Durden, «In the Shadow of Slavery», *The Life of Carter G. Woodson: Father of African-American History* (Nueva York: Enslow Publishers), 8-19.

76 Durden, *Life of Carter G. Woodson*, 8-19.

hasta el hombre que había intentado azotarlo, al que los soldados «dieron su merecido», y después los condujo hasta varios puestos de aprovisionamiento y almacenes confederados para que saqueasen los suministros del ejército sureño. James pasó el resto de la guerra realizando labores de exploración similares a esas para el ejército unionista y, de esta manera, se unió a las filas de los muchos afroamericanos esclavizados que participaron en actos de sabotaje, se negaron a servir como mano de obra y combatieron en el frente: esta «huelga general», en palabras de W. E. B. Du Bois, contribuyó a la derrota del bando confederado y al desmantelamiento del sistema esclavista.[77]

Anne y James se casaron en 1867, poco después de la guerra de Secesión. Esta pareja de voluntad férrea probó suerte en el desigual sistema de aparcería y, contra todo pronóstico, logró reunir suficiente dinero para comprar una pequeña granja en Virginia Occidental. Allí, en 1875, nació su cuarto hijo: Carter Godwin Woodson. La vida en la granja era dura y requería el esfuerzo de toda la familia, pero Anne se aseguró de que Carter y sus hermanos también recibieran una educación formal y decente. Durante cuatro meses al año asistían a una escuela con una sola aula dirigida por dos hermanos de Anne, quienes

---

77 Durden, *Life of Carter G. Woodson*, 8-19; W. E. B. Du Bois, *Black Reconstruction in America: Toward a History of the Part Which Black Folk Played in the Attempt to Reconstruct Democracy in America, 1860-1880* (Nueva York: Harcourt Brace, 1935); Guy Emerson Mount, «When Slaves Go on Strike: W.E.B. Du Bois's Black Reconstruction 80 Years Later», *Black Perspectives*, 28 de diciembre de 2015, https://www.aaihs.org/when-slaves-go-on-strike/.

también habían aprendido a leer. De este modo, Carter creció siendo a la vez hijo y alumno de antiguos esclavos.[78]

A los diecisiete años, Carter encontró trabajo en las minas de carbón de Virginia Occidental. Cuando uno de sus compañeros, un veterano negro de la guerra de Secesión, se percató de que el muchacho sabía leer, los mineros negros idearon un plan: reunirían dinero para suscribirse al *Richmond Planet*, un periódico dirigido por afroamericanos, así como a varios diarios blancos, y Carter se los leería en voz alta. Estos encuentros de lectura y debate le ayudaron a enriquecer su comprensión del mundo.

Pero Carter no se detuvo ahí. Completó cuatro cursos de bachillerato en apenas dos años y continuó sus estudios universitarios en el Berea College de Kentucky, una institución fundada en 1855 por el abolicionista John Fee y conocida por promover la integración racial, algo poco común en aquella época. Durante este tiempo, Carter trabajó como profesor en una escuela para hijos de mineros y, más tarde, como director de una escuela para afroamericanos.[79] Tras la victoria de Estados Unidos en la guerra hispano-estadounidense de 1898, el país se apoderó de Filipinas y esta nueva colonia brindó a Carter la oportunidad de ganar un sueldo decente enseñando inglés y técnicas agrícolas durante el día, mientras dedicaba las noches a estudiar español, francés e historia europea.

Con los conocimientos adquiridos y los ahorros acumulados, Carter emprendió un viaje por Asia, África y

78 Jarvis R. Givens, «Fugitive Pedagogy», in *Fugitive Pedagogy* (Cambridge, MA: Harvard University Press, 2021), 4.

79 Durden, «Student, Teacher, Traveler», capítulo 3 de *Life of Carter G. Woodson*, 20-25.

Europa, lo que le permitió estudiar el sistema educativo de diversos países y asistir a múltiples conferencias sobre la historia de esas regiones. En 1907 regresó a Estados Unidos, decidido a convertirse en un erudito y romper el silencio historiográfico que rodeaba a los negros: a corregir el hecho de que los afroamericanos hubiesen sido excluidos de la historia estadounidense y el desinterés generalizado por la historia africana.[80] Con este propósito, Carter obtuvo una segunda licenciatura y un máster en la Universidad de Chicago y posteriormente ingresó en Harvard, donde completó un doctorado en historia. Fue el segundo afroamericano, después de W. E. B. Du Bois, en conseguir este prestigioso título.[81]

A pesar de su doctorado, Carter G. Woodson no estaba destinado a disfrutar de una carrera cómoda y estable en el mundo universitario. Su carácter inflexible y su firmeza moral lo enemistaron con muchas personas que, de otro modo, podrían haber apoyado su trayectoria académica. En 1919, poco después de llegar a la Howard University, creó el primer curso de Historia Afroamericana de la institución. Sin embargo, al año siguiente levantó las sospechas de la Administración por criticar públicamente a su centro de trabajo en un periódico de gran difusión. Era el apogeo del *miedo a los rojos*: la Revolución Rusa de 1917 había desatado el pánico entre las élites de todo el mundo, y el senador Reed Smoot había criticado a la propia universidad por incluir en su biblioteca un

---

80 Durden, *Life of Carter G. Woodson*, 20-25.

81 «Key Events in Black Higher Education», web oficial del *Journal of Blacks in Higher Education*, s.f., https://www.jbhe.com/chronology/.

folleto sobre «los bolcheviques y los soviéticos».[82] Cuando el presidente de la Howard University ordenó retirar ese material, Woodson se vio obligado a alzar la voz y no tardó en ser despedido.

Aunque ya no contara con un puesto académico formal, Carter G. Woodson siguió siendo un erudito comprometido. Había fundado el *Journal of Negro History*, una publicación a través de la cual continuó con su trabajo pionero en el campo de la historia afroamericana, fomentando la investigación de calidad y apoyando a algunos intelectuales jóvenes que empezaban a despuntar, como Zora Neale Hurston. También fundó la Association for the Study of Negro Life and History (hoy conocida como Association for the Study of African American Life and History), que se sostuvo gracias a un gran esfuerzo popular de recaudación de fondos. Mediante los clubes de debate en institutos, la cartelería y las representaciones teatrales de acontecimientos históricos, la organización consiguió difundir el conocimiento de la historia negra por todo el país.[83] Los libros de Woodson, utilizados en secreto por profesores negros, contribuyeron a subvertir el control blanco sobre los contenidos que se enseñaban a los estudiantes afroamericanos. Estas iniciativas formaron

---

82 Durden, «Launching Negro History Week», capítulo 6 de *Life of Carter G. Woodson*, 47-63; Robert F. Schwarzwalder, Jr., «Francis J. Grimke: Prophet of Racial Justice, Skeptic of American Power», fragmento (tesis doctoral, University of Aberdeen, 2021), último acceso en la Regent University Library Link (blog) el 21 de marzo de 2021, http://digitallibrary.regent.edu/wordpress/?p=3546.

83 Daryl Michael Scott, «The History of Black History Month», *Black Past*, 14 de enero de 2010, https://www.blackpast.org/african-american-history/history-black-history-month/.

parte de una red más amplia de prácticas intelectuales insurgentes que el estudioso de la educación Jarvis Givens denomina «pedagogía fugitiva».[84]

Según Daryl Michael Scott, historiador de la Howard University, Carter G. Woodson estaba convencido de que la publicación de una «historia científica» tenía el potencial de transformar las relaciones raciales. Scott explica que, unos años más tarde, durante el movimiento por los derechos civiles, el enfoque de Woodson sobre la historia se convirtió en una parte esencial del currículo de las Freedom Schools, creadas por organizadores y activistas en todo el sur para educar y empoderar a las comunidades afroamericanas. En opinión de Scott, «el movimiento de la historia afroamericana era una insurgencia intelectual que formaba parte de un esfuerzo más amplio para transformar las relaciones raciales».[85]

Pero ¿por qué creía Woodson que un movimiento intelectual podía suponer un desafío tan serio para las estructuras políticas?

Carter G. Woodson fue un historiador, y podría decirse que también un filósofo. Esta faceta resulta evidente en buena parte de su obra, pero especialmente en su libro *The Mis-Education of the Negro* [La corrupción intelectual de los afroamericanos, 1933], donde analiza cómo la apropiación de las élites estructura los sistemas educativos de nuestras sociedades. La aguda perspicacia de Woodson ofrece un modelo para entender un proceso

84 Givens, «Fugitive Pedagogy».
85 Scott, «The History of Black History Month».

más amplio que se manifiesta a múltiples niveles y en diversos contextos a lo largo de nuestra vida social.

En el capítulo anterior exploré el sorprendente alcance de la apropiación de las élites: cuántas de nuestras instituciones, recursos e incluso agendas políticas están bajo el control directo o la influencia desproporcionada de las personas más favorecidas de la sociedad. Sin embargo, todavía no he definido de manera minuciosa y estructurada *qué es realmente* la apropiación de las élites. Comprender este concepto en su esencia y totalidad podría ayudarnos a explicar por qué se refleja en áreas tan diversas de la vida social: desde el sistema educativo hasta el mercado de la vivienda; desde la dinámica interna de un pequeño grupo de activistas hasta la escala más amplia de todo un Gobierno. Y lo que es más importante aún: entender qué es la apropiación de las élites nos permitiría identificarla cuando la encontremos y, una vez que la hayamos identificado, trazar estrategias para al menos limitar y controlar sus peores excesos en nuestros movimientos y en nuestras propias vidas.

Un recorrido a través de un cuento de hadas en compañía de filósofos y teóricos del juego nos dará la oportunidad de desentrañar qué es realmente la apropiación de las élites y de comprender por qué se la va encontrando uno a cada paso que da.

## El suelo que pisamos

Estoy seguro de que conocéis el cuento del emperador desnudo. Según relata Hans Christian Andersen, unos funcionarios le entregaron una percha y le aseguraron que de ella colgaba una prenda confeccionada con un tejido místico, invisible para cualquier persona incompetente o estúpida. En realidad, de la percha no colgaba nada. El emperador se puso el «traje» y se paseó desnudo por la ciudad. Como conocían el mito de que quien señalase la desnudez del monarca demostraría su incompetencia y su estupidez, ninguno de los súbditos se atrevió a señalar lo evidente, ni siquiera el sirviente encargado de sostener la «cola» del inexistente traje. El hechizo se mantuvo incluso cuando se celebró un desfile para aclamar al emperador que lo acompañó por toda la ciudad. Finalmente, un niño gritó: «¡Pero si no lleva nada puesto!». Y así fue como el encantamiento se rompió.

Como la mayoría de las fábulas, esta historia ofrece algunas intuiciones brillantes sobre el mundo social. Una de ellas es cómo nuestras interacciones con los demás están fundamentalmente estructuradas por dinámicas de poder. Resulta tentador explicar las jerarquías y estructuras sociales de opresión a partir de nuestros compromisos más sinceros: las creencias, las actitudes y las ideologías profundamente arraigadas. Desde esta perspectiva, el racismo supone una forma de pensar sobre el lugar que uno ocupa en el mundo —como «supremo», como «humano»— y un conjunto de creencias sobre el lugar de los demás; la misoginia constituye una forma de concebir lo masculino y lo femenino —engrandeciendo lo primero y menospreciando lo segundo—, y así sucesivamente.

Esta forma de interpretar los fenómenos en términos de ideología o de creencias tiene su mérito: desde luego, lo que de verdad creemos sobre nosotros mismos, sobre lo que nos debemos unos a otros y sobre cómo es la realidad influye en nuestra manera de movernos por el

mundo. No obstante, la relación entre lo que consideramos verdadero y bueno y la manera en que gestionamos
nuestras interacciones cotidianas, concretas y tangibles,
es mucho más tenue de lo que semejante planteamiento
sugiere. Esta es, precisamente, una de las ideas que la historia del emperador desnudo parece ilustrar.

La interacción entre el emperador y la multitud es un
ejemplo de cómo, al hablar o interactuar, vamos construyendo el mundo juntos. Las palabras, los gestos y los signos no se interpretan de forma automática o autónoma:
el sentido se lo otorgan quienes los usan y los observan.
La comunicación es una forma de «acción conjunta» en
la que cada individuo desempeña un papel dentro de
algo que *creamos* colectivamente.[86] Por esta razón, los filósofos del lenguaje han insistido en que para comunicarse
es necesario compartir ciertos elementos básicos. Entre
ellos está la información. Si tuviéramos que empezar
desde cero cada vez que entablamos una conversación,
construyendo nuestra comprensión básica del mundo de
forma aislada, sería casi imposible hablar de algo interesante o llevar a cabo tareas complejas de manera conjunta. En cambio, cuando nos comunicamos, partimos de
ciertas «creencias comunes» o «compartidas»: lo que tú
y yo sabemos, y también aquello que yo sé que tú sabes y
que tú sabes que yo sé, etc.[87]

El filósofo Robert Stalnaker denomina «terreno común»
a esta información pública y la compara con un recurso

---

86 Este término es de Herb Clark; véase *Using Language* (Cambridge,
RU: Cambridge University Press, 1996).

87 Robert Stalnaker, *Context* (Oxford: Oxford University Press, 1966),
68, 78.

compartido que los participantes en una conversación usan para construir y sostener las interacciones sociales.[88] Al movernos por el mundo, el «terreno» cambia bajo nuestros pies. Añadimos elementos al terreno común cuando compartimos información y perspectivas. Nuestras respuestas colectivas a los acontecimientos que nos rodean crean, con el tiempo, un nuevo terreno común. También lo transformamos cuando usamos nuestras palabras para cuestionarlo y remodelarlo, ya sea corrigiendo rumores o renovando saberes culturales arraigados. Cada interacción modifica la información que consideramos pública y compartida.

Lo importante de esta información pública es cómo la utilizamos. En los contextos sociales, tratamos la información del terreno común *como si fuera cierta*; es decir, la asumimos como una premisa para la acción colectiva.[89] Este uso del terreno común, de aquello que suponemos o no, es omnipresente en la vida social: compartimos tantas ideas sobre la comida y la socialización que, si mi pareja me dice que esta noche vienen unos amigos a cenar, simplemente cocino un poco más y añado unos cuantos platos a la mesa. De manera similar, la gente del pueblo actúa en la fábula de Andersen como si el emperador desnudo estuviera realmente vestido, y esa suposición les sirve como base para la actividad compartida de vitorearlo. Y esto, en cierto modo, da sentido a su decisión de aplaudirlo. Sin embargo, como muestra la fábula, existen

88 Robert Stalnaker, «Common Ground», *Linguistics and Philosophy* 25 (2002): 701-21; Stalnaker, *Context*.
89 Véase Olúfẹ́mi O. Táíwò, «The Empire Has No Clothes», *Disputatio* 51 (2018): 305-30.

muchas razones para actuar como si algo fuera cierto.[90] La creencia genuina y sincera es solo una de tantas.

El auge de las redes sociales nos ha vuelto más conscientes de algo que siempre ha sido cierto en el ámbito de la comunicación: el mundo social en el que interactuamos es complejo, y lo que buscamos en cada una de nuestras intervenciones suele ir mucho más allá de lo que expresamos de manera superficial. Nuestro objetivo puede ser gestionar relaciones y reputaciones, ganar influencia o frustrar los intentos ajenos de ganarla, reforzar nuestro «bando» en disputas políticas (ya sea en el sentido amplio o en uno más limitado), obtener recursos y recompensas, evitar castigos y contratiempos.

Al igual que el sentido común, el terreno común no siempre es tan *común* como podría parecer. En el mejor de los escenarios, siempre nos comunicaríamos de buena fe y con buenas intenciones. Estaríamos incluso dispuestos a aceptar ideas nuevas que ponen en cuestión nuestras opiniones previas y a integrarlas en nuestra visión compartida del mundo. Y actuaríamos de esta manera como parte de un intercambio valioso con quienes nos rodean, confiando en que también ellos se comuniquen de buena fe y con las mejores intenciones.

Cabe la posibilidad de que añadamos nueva información al terreno común porque creemos que es verdadera,

---

90 Kelly F. Austin, «Degradation and Disease: Ecologically Unequal Exchanges Cultivate Emerging Pandemics», *World Development* 137 (2021): 105-63; J. L. Austin, «Performative Utterances», en *Philosophical Papers*, J. O. Urmson y G. J. Warnock eds. (Oxford: Clarendon Press, 1961); Rebecca Kukla y Mark Norris Lance, *«Yo!'and'Lo!»: The Pragmatic Topography of the Space of Reasons* (Cambridge, MA: Harvard University Press, 2009).

de que eliminemos la que consideramos falsa —tal y como a los científicos les gustaría que ocurriese— y de que nos preocupemos por cultivar el terreno común porque de ello depende nuestra capacidad de convivir y prosperar juntos. Esta es, al menos, una imagen ideal de cómo podría funcionar el terreno común en un contexto social en el que la confianza, el respeto y la autoridad se distribuyen de forma justa y equitativa, y en el que la comunicación persigue siempre el bien común. ¿A que suena bien? Por desgracia, sin embargo, nuestros contextos sociales rara vez tienen ese color de rosa.

Pensemos en un escenario distinto, como el que propone el filósofo del lenguaje David Lewis.[91] Con el estilo distante que caracteriza a la filosofía analítica, Lewis presenta su ejemplo como un experimento mental frío y despiadado: «Por alguna razón —coerción, deferencia, persecución de metas comunes— dos personas acceden a que una de ellas quede bajo el control de la otra. (Al menos dentro de ciertos límites, en una determinada esfera de acción y mientras prevalezcan ciertas condiciones). A uno se le llama esclavo y al otro amo. El control se ejerce verbalmente».[92] No obstante, este planteamiento resulta engañoso. Dado que la esclavitud fue una institución social real, lo que Lewis describe son las reglas de comunicación que estructuraban interacciones concretas, fundamentales para la construcción del capitalismo racial y del sistema político global que lo sostuvo, y que aún hoy persiste.

91 David Lewis, «Scorekeeping in a Language Game», *Journal of Philosophical Logic* 8, n.º 1 (1979).

92 Lewis, «Scorekeeping in a Language Game», 340.

Sigamos, por un momento, con este experimento mental tan inhumano. Un amo que habla con su esclavo ocupa una posición de poder que determina lo que es comunicativamente posible entre ambos. Por ejemplo, si el amo decide no contemplar la posibilidad de que esté lloviendo, excluye de inmediato cualquier forma de hablar que presuponga esa posibilidad. La naturaleza de su relación social —y, por tanto, de sus conversaciones— establece una relación de poder unilateral. La experiencia directa del esclavo con la lluvia no puede contribuir al entendimiento compartido. Ni el terreno común de esas interacciones ni ningún otro de los recursos que hay alrededor del amo y del esclavo pueden gestionarse democráticamente a causa de una razón: que los dos viven en una sociedad esclavista.

La comunicación suele describirse en unos términos excesivamente intelectuales, que sobrevaloran su papel como mero intercambio de información. Desde esta perspectiva, rechazar la oferta de información pública que una persona hace supone un perjuicio «epistémico» específico para esa persona como «sujeto conocedor».[93] Esta forma de entenderlo lleva a tratar los sistemas de injusticia que se manifiestan en nuestras interacciones comunicativas como un tipo particular de injusticia ideológica, enraizada en una red de creencias que se sitúa al margen —o incluso detrás— de otros sistemas de opresión.[94]

93 Miranda Fricker, *Epistemic Injustice: Power and the Ethics of Knowing* (Oxford: Oxford University Press, 2007).
94 Tommie Shelby, «Ideology, Racism, and Critical Social Theory», *Philosophical Forum* 34, n.º 2 (2003): 153-88.

Otra posibilidad es concebir la comunicación simplemente como una forma de acción, sujeta a las mismas fuerzas, normas e incentivos que rigen las demás conductas. Desde esta perspectiva, las élites «se apropian» de nuestras conversaciones por las mismas razones y del mismo modo en que se apropian de todo lo demás.

¿Qué piensan los ciudadanos que aclaman al emperador desnudo? Si lo deseásemos, sería posible construir una compleja arquitectura intelectual para explicar su comportamiento. Podríamos imaginar que son creyentes verdaderos y que disponen de todo un entramado de mitos legitimadores. Puede que tanto el emperador como el pueblo se hayan dejado seducir por la falsa historia de la prenda invisible porque creen en otra historia igualmente falsa: por ejemplo, en la supuesta capacidad del emperador para percibir las estructuras más profundas de la realidad, o en la existencia de algún mecanismo sobrenatural que castiga los defectos personales con alucinaciones. Este tipo de explicaciones es habitual cuando se intenta justificar la opresión apelando a factores como los «prejuicios implícitos», la «ideología», la «injusticia epistémica» o a interpretaciones culturales que señalan una supuesta podredumbre moral o espiritual de las sociedades opresoras.

Estas interpretaciones parecen sugerir que algo les ocurre a los propios habitantes de la ciudad. Por tanto, si queremos entender por qué se comportan de forma tan extraña un día en concreto, deberíamos investigar qué les afecta en el plano psicológico, cultural o en cualquier otro ámbito que moldee sus percepciones e intuiciones. Y quienes adoptan esta perspectiva probablemente tengan razón, al menos en una cosa: cuesta creer que una sociedad sea capaz de exigir una obediencia conversacional casi servil durante días, años o generaciones sin que ello tenga algún efecto sobre la manera en que las personas piensan, sienten y se desenvuelven en el mundo.

Con todo, si en lugar de preguntarnos por qué los habitantes de la ciudad creen al emperador nos centramos en por qué actúan como si lo creyeran, la respuesta que obtenemos es distinta. Dicho de otro modo: de acuerdo con este enfoque, lo que está conformándose no son las *creencias*, sino los *comportamientos*. Esta forma de entender la situación no excluye la posibilidad de que los ciudadanos tengan una estructura de creencias que determina su conducta. Pero, a diferencia del primer enfoque, aborda seriamente la cuestión de qué obtienen los súbditos al seguir el juego y qué riesgos afrontan si deciden no hacerlo.

Si las personas toman decisiones comunicativas por las mismas razones que realizan otras acciones, la situación resulta mucho menos misteriosa de lo que podría parecer en un principio. La pregunta sobre qué pensaban todos esos habitantes que aclamaban al emperador desnudo podría reducirse, de forma simple y plausible, a lo siguiente: «Si no le sigo el juego al emperador, podría sufrir consecuencias negativas».

Este matiz puede parecer menor, pero arroja luz sobre la principal razón para desconfiar de las explicaciones que se centran únicamente en factores actitudinales o culturales: al tomarse demasiado en serio las justificaciones formales de las interacciones jerárquicas, estas posturas corren el riesgo de malinterpretar profundamente lo que realmente sucede entre las personas, especialmente en contextos marcados por el abuso. Robin D. G. Kelley y James C. Scott sostienen de manera muy convincente que hasta los historiadores profesionales incurren en ese error y, al analizar ciertas épocas, tienden a interpretar el hecho de que las poblaciones oprimidas «siguiesen el juego» a los sistemas opresivos como una prueba de que «creían de verdad» en ellos.[95] En realidad, la gran mayoría de esas personas estaban tan lejos de ser auténticos creyentes como uno pueda imaginar: eran embaucadores que, aunque aparentaban seguir el guion social, se resistían con enorme habilidad a las estructuras de poder.[96]

No hay por qué dar por hecho que el panadero y el fabricante de velas, con quienes el emperador desnudo se cruza por la calle, están de verdad interesados en saber si este va vestido o no. Es mucho más plausible que su principal preocupación consista en vender todo el pan y todas las velas que puedan ese día, en llevar algo de comida a la mesa y en evitar problemas con los recaudadores de impuestos. Por debajo de lo que piensan al ver pasar al emperador hay historias personales, razones compartidas, contextos comunes. Es posible que esos dos hombres conozcan el cuento del plebeyo que se convierte en noble porque el emperador queda encandilado con sus productos. O tal vez tengan presente la historia, mucho más corriente, del comerciante al que

---

95 Robin D. G. Kelley, «"We Are Not What We Seem": Rethinking Black Working-Class Opposition in the Jim Crow South», *Journal of American History* 80, n.º 7 (1993): 75-112; James C. Scott, *Domination and the Arts of Resistance: Hidden Transcripts* (New Haven: Yale University Press, 1990).

96 Gerald Vizenor, *Shadow Distance: A Gerald Vizenor Reader* (Middletown, CT: Wesleyan University Press, 1994); Goran Gumze, «Capoeira: Influences on Depression, Aggression and Violence in Salvador», (tesis doctoral, University of Nova Gorica, 2014), 32.

encarcelan o torturan públicamente por no pagar una deuda o por injuriar a la Corona.

Hay muchas historias posibles que podrían haber llevado a un panadero y a un fabricante de velas a instalarse en una calle por donde el emperador desfila de vez en cuando, y esas historias bien podrían moldear sus pensamientos y reacciones al verlo acercarse. Ninguna de ellas trata sobre lo que el emperador lleva o deja de llevar puesto, ni sobre lo que el panadero o el fabricante de velas creen realmente acerca de su atuendo. Y, sin embargo, bastan para explicar por qué podrían seguirle la corriente.

Para comprender esta situación no hace falta escarbar en las creencias más profundas de los habitantes ni en la psicología íntima del emperador. Basta, con algo de paciencia, observar qué es la autoridad y cómo organiza la vida social.

Al final, el problema no son los *habitantes* de la ciudad que gobierna el emperador, ni siquiera el emperador en sí. Es la ciudad. Es el imperio.

## La teoría de la falta de educación

Pero basta de metáforas. Cuando se enuncia de forma sencilla, la tesis resulta muy clara: las estructuras políticas influyen de manera profunda en la forma y en el contenido de todas nuestras interacciones sociales y comunicativas.[97] Este fue uno de los aprendizajes más

---

97 Carol Hanisch, «The Personal Is Political», febrero de 1969, carolhanisch.org.

contundentes que Carter G. Woodson extrajo de los viajes que realizó por el mundo. Su análisis sigue teniendo hoy una sorprendente vigencia y merece la pena explorarlo con mayor detenimiento.

Una de las críticas de Woodson se dirigía, en esencia, a la estrategia política adoptada por la población negra. Según él, la «educación moderna» que se impartía a los estudiantes negros era muy similar a los «sistemas especiales que las agencias privadas y los Gobiernos de las metrópolis establecieron para educar a los nativos en sus colonias y territorios», y «funcionaba de acuerdo con las necesidades de quienes ha[bían] esclavizado y oprimido a pueblos más débiles».[98] A juicio de Woodson, el objetivo de ese proceso educativo no era la auténtica emancipación, sino conceder diplomas y otras señales de prestigio y distinción social a un grupo selecto de afroamericanos, para quienes el distanciamiento de la comunidad negra suponía tanto una recompensa como un coste. Como programa de «elevación racial», sostiene Woodson, esto equivalía a un intento de transformar a los propios individuos negros en una reproducción de la sociedad opresora. Una misión más justa, en su opinión, sería cambiar las condiciones sociales que perpetúan la opresión.

La segunda crítica de Woodson, centrada en los contenidos educativos disponibles para la población negra, deja las cosas aún más claras. A su parecer, los planes de estudio estaban construidos a partir de la información seleccionada como relevante por el sistema educativo

---

98 Carter G. Woodson, *The Mis-Education of the Negro* (Middletown, CT: Tribeca Books, 2016), 4.

dominante, un sistema marcadamente racista. En el tercer capítulo de *Mis-Education*, Woodson ofrece un ejemplo especialmente elocuente:

> En las facultades de medicina, a los estudiantes negros también se les inculcaba una sensación de inferioridad al insistir en su papel como portadores de gérmenes. Se ponía especial énfasis en la prevalencia de enfermedades como la sífilis o la tuberculosis, sin explicar que estas dolencias resultaban más mortales para ellos porque eran de origen caucásico. Al ser relativamente nuevas para la población negra, no habían tenido tiempo suficiente para desarrollar la inmunidad que los caucásicos ya habían adquirido. Además, se mencionaban otras enfermedades a las que los negros eran más vulnerables como argumento para presentarlos como una raza indeseable, ignorando que la vulnerabilidad se debía, en gran medida, a su condición económica y social. Por otro lado, apenas se destacaba su inmunidad frente a enfermedades como la fiebre amarilla o la gripe, devastadoras para la población blanca. Aun así, esta diferencia en la capacidad de resistencia nunca se esgrimía para considerar a los blancos inferiores.[99]

La descripción de Woodson se refiere al modo en que los profesores transmitían cierta información médica sobre las poblaciones afroamericanas. No pone en duda la exactitud de los datos: los docentes aportaban datos precisos al terreno común. Sin embargo, Woodson sostiene que la

---

99 Woodson, «How We Drifted Away from the Truth», capítulo 3 de *Mis-Education of the Negro.*

información se utilizaba para reforzar el racismo, y eso se debía a lo que ya formaba parte del terreno común, a sus condiciones previas: una visión del mundo en la que los datos estadísticos sobre la prevalencia de ciertas enfermedades entre la población negra encajaban perfectamente en narrativas preexistentes que asociaban a los afroamericanos con la suciedad y la inferioridad. Al mismo tiempo, la información equivalente sobre las enfermedades que afectaban de forma desproporcionada a la población blanca se integraba en narrativas que reforzaban su supuesta superioridad. El racismo no residía necesariamente en cada frase concreta, en cada instancia específica de comunicación, sino en la narrativa más amplia en que esas comunicaciones e intercambios se insertaban.

Woodson describe con particular elocuencia cómo el sistema de poder subyacente estructura las interacciones en el aula de formas que, aunque complejas, resultan bastante evidentes si se les presta la debida atención. Es exactamente la misma dinámica que garantiza al emperador desnudo un mínimo de halagos por llevar un traje inexistente. En un aula imperial e imperialista, no puede haber información equilibrada ni comunicación simétrica. Esa asimetría educativa era una consecuencia deliberada. Y Woodson lo sabía bien porque se había formado en las aulas donde se originó.

Carter G. Woodson comprendió muy pronto cómo las dinámicas de poder moldean el curso de la historia. Durante su época como minero del carbón en Virginia Occidental, pasó años adquiriendo una visión más completa de la guerra civil gracias a los relatos de quienes habían vivido la contienda en primera persona. Esta peculiar forma de educación incluía las acaloradas discusiones que se producían en la estación de ferrocarril donde su padre James trabajaba junto a un grupo de antiguos soldados confederados; discusiones a las que el patrón muchas veces se veía obligado a poner fin para que James y su capataz no llegasen a las manos.

Más adelante, como estudiante de posgrado en Harvard, Carter G. Woodson estudió con destacados historiadores, entre ellos Edward Channing, quien más tarde recibiría el Premio Pulitzer. En sus clases, Channing afirmaba que los afroamericanos no tenían una historia propia y que no habían desempeñado ningún papel relevante en los grandes acontecimientos históricos, incluida la guerra de Secesión estadounidense. Woodson se enfrentó a su profesor y este lo desafió a que demostrase su postura. Lo que Channing no sabía era que demostrar su postura había sido una de las principales razones por las que Woodson se había decidido a estudiar en Harvard. Carter era ya plenamente consciente de que los manuales en los que se citaba a Channing y a otros eruditos como él fomentaban y avalaban las opiniones de las que luego bebían algunos individuos, como el capataz de James Woodson, para reforzar su poder, mientras que silenciaban o descartaban por completo los puntos de vista de quienes se parecían a su padre.

Estas experiencias llevaron a Carter G. Woodson a promover un tipo distinto de historia: la historia afroamericana. A través del *Journal of Negro History* y las instituciones educativas que fundó, Woodson elaboró una narrativa histórica de la población negra que respondía a sus propios y exigentes estándares académicos.

No se trataba únicamente de cambiar corazones y mentes, sino de transformar el terreno común: de modificar la información disponible para las personas en sus interacciones cotidianas; de ampliar el conocimiento compartido y de cuestionar las narrativas dominantes que perpetuaban la desigualdad.

## La apropiación de las élites: jugar con todas las posibilidades

En *Mis-Education*, Carter G. Woodson ofrece valiosas reflexiones sobre la naturaleza de la comunicación, la política, la historia y la educación, y el presente libro no puede hacer justicia a todas ellas. Sus ideas sobre la filosofía política del lenguaje resultan mucho más significativas para nuestro propósito, pues iluminan aspectos clave del fenómeno de la apropiación de las élites. Estas reflexiones adquieren aún más profundidad cuando se ponen en diálogo con otra rama de la filosofía que analiza nuestras interacciones en contextos estructurados: la filosofía de los juegos.

En *Games: Agency as Art* [Juegos: la agencia como arte], el filósofo C. Thi Nguyen expone las diferencias fundamentales entre el mundo del juego y el mundo real, y lo que podemos aprender del primero para comprender mejor el segundo.[100] En los juegos, el riesgo que se asume es bajo: si mi personaje «muere» o si quedo atrás en una partida de Mario Kart, basta con apagar la consola y volver a empezar. Además, los juegos ofrecen un entorno de

---

100 C. Thi Nguyen, «Layers of Agency», capítulo 3, y «Gamification and Value Capture», capítulo 9 de *Games: Agency as Art* (Oxford: Oxford University Press, 2018), 52-73, 189-215.

toma de decisiones artificialmente claro: sé exactamente cuáles son mis objetivos y cómo debo relacionarme con los demás. Pongamos que estoy jugando al baloncesto. Si alguien lleva la misma camiseta que yo sé que es un compañero, a quien puedo asistir para que anote o de quien puedo recibir una asistencia para anotar yo mismo; si alguien lleva una camiseta diferente, sé que puedo detenerlo, bloquearlo y taponarlo. El poco riesgo que asumimos nos permite sumergirnos en un mundo de fantasía en el que todo guarda una relación clara e instrumental con nuestro éxito.

Esa relación clara e instrumental es una de las principales razones por las que los juegos no reflejan las complicaciones y precariedades de la vida cotidiana, y también parte del motivo por el que resultan tan eficaces como forma de evasión, como auténticas vías de escape. Las interacciones que tenemos con nuestros hijos pequeños, hermanos adultos o padres ancianos suelen estar atravesadas por riesgos difíciles de anticipar, ya sean prácticos, psíquicos o morales. Detrás de las interacciones cotidianas con jefes y compañeros de trabajo se cierne la amenaza del fracaso, o incluso del paro; una perspectiva especialmente aterradora en Estados Unidos, donde perder el empleo puede significar también quedarse sin vivienda ni acceso a la asistencia sanitaria. Si contásemos con unas reglas de juego claras y sencillas para lidiar con esas situaciones —un manual definitivo de crianza o de relaciones familiares y laborales— seguramente sería más fácil afrontar el riesgo mucho más alto que comportan. Pero en lugar de eso, nos vemos obligados a equilibrar nuestros propios objetivos y necesidades con conjeturas abstractas sobre las metas y los deseos de los demás, formuladas a menudo con prisa y con escasa información sobre lo bien —o mal— que lo estamos haciendo, salvo cuando las consecuencias de nuestros errores nos lo dejan dolorosamente claro.

La claridad artificial de los mundos del juego es una de las principales razones por las que resultan tan entretenidos. Los diseñadores crean entornos que ofrecen a los jugadores motivos nítidos para realizar acciones concretas, junto con la satisfacción de saber, con total certeza, que cada decisión contribuye al éxito o al fracaso. Aunque la simplicidad de los juegos los distingue de cuanto ocurre fuera de ellos, la sensación de que cada movimiento es determinante dentro de una estrategia general de supervivencia no es muy diferente de la que suele tenerse en la vida real. Como vimos en el caso del panadero y del fabricante de velas, las estructuras de poder —al igual que los entornos ficticios— ofrecen razones claras para *seguir el juego*.

El potencial solapamiento entre esta característica de muchos juegos y las dinámicas de los entornos sociales de la vida cotidiana está en el centro de un fenómeno del mundo real que Nguyen denomina «apropiación de valores». La apropiación de valores se produce cuando partimos de valores complejos, ricos y matizados, encontramos versiones simplificadas de ellos en algunos contextos sociales y ajustamos nuestros propios valores hasta que acabamos simplificándolos y volviéndolos, por tanto, inadecuados. Este tipo de proceso es un riesgo inherente a la interacción social, pero se acentúa en sistemas y entornos en los que esa simplicidad está inscrita en las propias estructuras de castigo y recompensa.

El capitalismo, por ejemplo, es un sistema que recompensa de forma sistemática la búsqueda implacable del beneficio y del crecimiento: valores sumamente estrechos que dejan fuera buena parte de lo que hace que la vida merezca la pena. Sin embargo, mucho antes de que naciese el sistema capitalista, algunas sociedades organizadas en torno a fundamentalismos —religiosos o seculares— y a la guerra también generaron sistemas de valores igualmente deformados.

En la vida real, el proceso de apropiación de valores suele estar impulsado deliberadamente por las élites, que manipulan y controlan a los demás mediante tácticas similares a las de los diseñadores de juegos. Plataformas de economía colaborativa como Uber y Lyft utilizan sistemas de «reconocimientos» y calificaciones para influir en el entorno de toma de decisiones de los conductores.[101] Incluso fuera del ámbito laboral, las redes sociales integran mecanismos como los «me gusta», los «compartir» y los «retuits», que funcionan como las puntuaciones de un juego. Con el tiempo, estas rudimentarias herramientas de medición amenazan con distorsionar o incluso sustituir otros valores —como el deseo de contribuir de forma sustancial al debate público o de sentirse orgulloso de la calidad del propio trabajo— que de lo contrario podrían haber moldeado nuestro comportamiento en esas plataformas.

Lo que conecta estas distintas historias es la propia naturaleza del proceso de apropiación de valores. Un trabajador que quiere hacer bien su trabajo puede tener al

---

101 Noam Scheiber, «How Uber Uses Psychological Tricks to Push Its Drivers' Buttons», *The New York Times*, 2 de abril de 2017, https://www.nytimes.com/interactive/2017/04/02/technology/uber-drivers-psychological-tricks.html.

principio motivaciones complejas: por ejemplo, esforzarse mientras cuida su salud y preserva suficiente energía física y emocional para sí mismo y para sus seres queridos. Sin embargo, bajo la presión de ese contexto que el jefe ha configurado con lógicas similares a las de un juego se centrará en ganar los «puntos» que simbolizan el éxito ante su supervisor, sustituyendo en última instancia la estructura de valores original y sacrificando aquello que antes intentaba proteger. Empresas como Disney o Amazon, por ejemplo, aplican un obsesivo «seguimiento en tiempo real de la productividad del trabajador» para inducir a sus empleados a competir dentro de un sistema de clasificación basado en la velocidad o el volumen de producción.[102] Si bien estas prácticas pueden aumentar la productividad y los beneficios, también incrementan el cansancio, el estrés y las lesiones, socavando por completo la noción de lo que significa hacer un «buen trabajo».

Tal vez los trabajadores crean en el sistema de puntuación e interioricen los valores que supuestamente representa: puntualidad, determinación, atención al detalle. Tal vez se juzguen a sí mismos y a los demás según las herramientas de medición del propio juego. O puede que vean perfectamente el culo al emperador y hagan como si no porque su sustento depende de ello. En cualquier

---

102 John Holden, «Big Companies Get Involved in Big Brother-Style Monitoring of Staff», *The Irish Times*, 18 de agosto de 2014, https://www. irishtimes.com/business/big-companies-get-involved-in-big-brother-style-monitoring-of-staff-1.1898170; Sara Ashley O'Brien, «Workers at Amazon Brace for Another Grueling Week Spurred by Prime Day», *CNN*, 21 de junio de 2021, https://www.cnn.com/2021/06/21/tech/workers-amazon-prime-day/index.html.

caso, el desenlace es una historia tan antigua como el mundo: el jefe gana, el trabajador pierde.

Es evidente que las fuerzas del capital han aprendido a explotar las lógicas inherentes al diseño de juegos. Sin embargo, como señala Nguyen, el uso deliberado de estrategias de diseño lúdico por parte de una turbia camarilla de conspiradores para controlar a las personas es la excepción, no la regla, de los procesos de apropiación de valores.[103] De hecho, no es necesaria una intervención calculada para que esta se produzca: basta con un entorno o una estructura de incentivos que favorezca la excesiva claridad de determinados valores.

Imaginemos, por ejemplo, que participamos en conversaciones bienintencionadas en una nueva red social centrada en un tema de actualidad. La plataforma, por supuesto, ha sido diseñada por unos desarrolladores, a los que han contratado los propietarios de la empresa, que construyen y gestionan algoritmos para dirigir el tráfico de publicaciones y fomentar la participación de los usuarios. A medida que interactuamos en la plataforma, sus características empiezan a moldear nuestro comportamiento: las opiniones más directas y sencillas tienden a atraer más comentarios y a compartirse más, lo que influye en lo que la gente decide publicar. Mientras tanto, los propietarios de la empresa tecnológica se llevan la mayor parte de los ingresos generados por el tráfico impulsado por nuestras conversaciones, y un pequeño grupo de usuarios concentra la mayor parte de la atención. Así, de forma progresiva, emerge una nueva élite.

---

103 Nguyen, «Gamification and Value Capture», capítulo 9 de *Games: Agency as Art*, 189-215.

Ahora bien, sería un error interpretar todo lo que ocurre en la plataforma como un proceso perfectamente orquestado por las élites. Ellas son el *producto* de ese sistema, igual que la distribución desigual de los beneficios y la atención. Es evidente que las élites deterioran el entorno y bloquean las soluciones, pero atribuir el problema de la apropiación exclusivamente a sus aciertos o fracasos morales es confundir el efecto con la causa. El verdadero problema reside en el sistema mismo: en el entorno construido y en las normas de interacción que dieron lugar a esas élites.

En los juegos existen límites claros de poder entre los diseñadores y los jugadores. Los diseñadores disponen de amplios márgenes de maniobra y decisión, y las elecciones que toman se traducen en características fijas del juego para quienes participan en él. Estos últimos entran en un entorno en el que experimentan las reglas de interacción y los incentivos básicos que los diseñadores han impuesto sin posibilidad alguna de modificarlos.

Este entorno no es tan distinto del mundo real como podría parecer a primera vista. Tal y como comprendió Carter G. Woodson, muchas de nuestras decisiones están condicionadas por otras tomadas previamente por quienes ostentan mayor poder. Toda la estructura social influye en el funcionamiento de los sistemas institucionales —como las escuelas—, que a su vez ejercen poder sobre las interacciones que tienen lugar dentro de ellos: conversaciones, clases, relaciones.

Un entorno de juego responde de manera similar para la mayoría de los jugadores: todos se enfrentan a las mismas reglas, costes e incentivos. En cambio, el entorno social responde de forma distinta a cada persona, como ilustra la conversación entre un amo y un esclavo que presenta David Lewis. Su artículo, titulado «Scorekeeping in a Language Game» [La puntuación en los juegos de lenguaje], examina cómo las reglas de fondo se combinan con nuestras decisiones previas para determinar qué acción tiene sentido en un momento dado. Lewis utiliza el béisbol como ejemplo para mostrar lo claro que esto resulta en un juego: que el bateador llegue caminando a primera base depende tanto de las reglas del deporte (como el número de lanzamientos que un *pitcher* puede realizar antes de que al bateador se le conceda una base por bolas) como de lo que ha ocurrido hasta ese punto (cuántos lanzamientos ha hecho el *pitcher* en ese turno concreto).[104] Sin embargo, su ejemplo anterior —el del amo que inventa reglas para el esclavo sobre la marcha— describe con mayor precisión muchas interacciones sociales. Al fin y al cabo, la vida no es tan justa como el béisbol.

Según vimos en el capítulo 1, las personas e instituciones con suficiente poder tienen la capacidad de cambiar, reconstruir e incluso ignorar las reglas del juego a su antojo. Aunque esto se manifiesta de distintas formas según el tipo de interacción y el ámbito social en cuestión, empecemos con un ejemplo cotidiano: el hogar. En el capitalismo, un sistema en el que la vivienda está mercantilizada, la posibilidad real de que alguien tenga un lugar donde vivir depende en gran medida de normas —y de acciones que operan como normas— establecidas por un pequeño grupo de élites: propietarios individuales, empresas inmobiliarias, la policía y las agencias de datos que

---

104 Lewis, «Scorekeeping in a Language Game», 344-46.

intercambian información entre sí.[105] Estas élites se han apropiado de los medios para controlar el acceso a la vivienda y, en consecuencia, son quienes han establecido las reglas que determinan si el resto de nosotros podemos —o no— disponer de un hogar.

¿Y qué ocurre con el resto de los ámbitos? Si realizas cualquier tipo de actividad económica, estás, de algún modo, implicado en los procesos productivos. Y, de esta forma, nos enfrentamos a una narrativa bien conocida sobre la apropiación de las élites: los capitalistas se han apropiado de los medios de producción. Es una idea muy extendida, pero merece la pena subrayar que, al apoderarse de ellos, también se han apropiado de enormes áreas de la experiencia humana.

El control social que los capitalistas ejercen sobre el proceso productivo abarca tanto de la vida y de la experiencia de los trabajadores como los empresarios sean capaces de gestionar. Son los empresarios —y no los Gobiernos— quienes actúan como árbitros funcionales del derecho que un trabajador tiene a la libertad de asociación y de expresión durante la mayor parte de sus horas de vigilia.[106] El concepto de «trabajo emocional», introducido por la socióloga Arlie Hochschild, fue en su origen un análisis del control que los empresarios ejercen sobre

---

105 Abigail Higgins y Olúfémi O. Táíwò, «Enforcing Eviction», *The Nation*, 20 de agosto de 2020, www.thenation.com/article/society/police-eviction-housing.

106 Véase Elizabeth Anderson, *Private Government: How Employers Rule Our Lives (and Why We Don't Talk about It)* (Princeton, NJ: Princeton University Press, 2017).

la vida y la expresión emocional de los trabajadores.[107]
Además, y de forma nada sorprendente, son también las
élites quienes determinan el acceso de los trabajadores
a los productos que ellos mismos se dedican a producir
durante unas jornadas laborales extenuantes y según las
reglas que las propias élites establecen: trabajar en el sector sanitario, por ejemplo, no garantiza que uno pueda
costearse la atención médica.

La apropiación de las élites también afecta las estructuras políticas formales. En Estados Unidos, algunas organizaciones que representan los intereses de empresas
multimillonarias, como el American Legislative Exchan-
ge Council, se encargan de redactar leyes con el fin de
proteger los intereses y los objetivos de esas compañías, y
han llegado a esgrimir la «seguridad nacional» como pre-
texto para criminalizar las protestas contra infraestructuras gasísticas y petroleras.[108]

Por su parte, los reguladores gubernamentales y los tri-
bunales —que supuestamente deberían controlar los excesos de las élites capitalistas— a menudo acaban integrados

---

107 Arlie Russell Hochschild, *The Managed Heart: Commercialization of
Human Feeling* (Berkeley: University of California Press, 1979).
108 Molly Jackman, «ALEC's Influence over Lawmaking in State Legisla-
tures», *Brookings* (blog), 6 de diciembre de 2013, www.brookings.edu/
articles/alecs-influence-over-lawmaking-in-state-legislatures; Alexander
C. Kaufman, «4 More States Propose Harsh New Penalties For Pro-
testing Fossil Fuels», *HuffPost*, 20 de febrero de 2021, www.huffpost.
com/entry/fossil-fuel-protest_n_602c1ff6c5b6c95056f3f6af; Alexander
C. Kaufman, «Yet Another State Quietly Moves to Criminalize Fossil
Fuel Protests Amid Coronavirus», 8 de mayo de 2020, www.huffpost.
com/entry/alabama-fossil-fuel-pipeline-protest-criminalize_n_5eb590b-
4c5b6197b8461d550.

en sus estrategias lucrativas, un fenómeno que los economistas han denominado «apropiación regulatoria».[109]

La apropiación regulatoria tiene consecuencias devastadoras. En Nigeria, por ejemplo, el desequilibrio de poder entre la regulación y el afán de lucro es tan extremo que las empresas petroleras no solo han eludido las multas administrativas, sino que en muchos casos las han incorporado como parte de sus planes de negocio. En 1993, la lucha del pueblo ogoni para exigir responsabilidades a Shell atrajo la atención internacional sobre la crisis ecológica del delta del Níger provocada por las prácticas de la empresa.[110] Sin embargo, a pesar de esa visibilidad global, el comportamiento de Shell no cambió; de hecho, los investigadores Enegide Chinedu y Chukwuma Kelechukwu Chukwuemeka constataron que los vertidos de petróleo *aumentaron* en los años posteriores a la controversia.[111]

109 George J. Stigler, «The Theory of Economic Regulation», *Bell Journal of Management Science* 2, n.º 1 (1971): 3-21; Ernesto Dal Bó, «Regulatory Capture: A Review», *Oxford Review of Economic Policy* 22, n.º 2 (2006): 203-225.

110 «Shell Sued in UK for "Decades of Oil Spills" in Nigeria», *Al Jazeera*, 22 de noviembre de 2016, www.aljazeera.com/news/2016/11/22/shell-sued-in-uk-for-decades-of-oil-spills-in-nigeria; Ike Okonta y Oronto Douglas, *Where Vultures Feast: Shell, Human Rights, and Oil in the Niger Delta* (Londres y Nueva York: Verso, 2001).

111 Enegide Chinedu y Chukwuma Kelechukwu Chukwuemeka, «Oil Spillage and Heavy Metals Toxicity Risk in the Niger Delta, Nigeria»; Noah, A.O., Adhikari, P., Ogundele, B.O. y Yazdifar, H. (2021), «Corporate Environmental Accountability in Nigeria: An Example of Regulatory Failure and Regulatory Capture», *Journal of Accounting in Emerging Economies* 11, n.º 1, https://doi.org/10.1108/JAEE-02-2019-0038, 70-93; Bukola Adebayo, «Major New Inquiry into Oil Spills in Niger Delta Launched», *CNN*, 26 de marzo de 2019, https://www.cnn.com/2019/03/26/africa/nigeria-oil-spill-inquiry-intl/index.html.

Los medios de comunicación —un ámbito dominado por grandes conglomerados en el que la publicidad, las relaciones públicas y la creación de marcas se entrelazan con funciones cívicas, sociales, artísticas y educativas— se organizan en torno a la atención y la participación. Aunque, «en última instancia», estos recursos suelen traducirse en capital, muchas personas ven en los medios un refugio frente a algunas de las limitaciones que definen sus vidas laborales y sus experiencias políticas.[112] Ahora bien, al igual que en la economía material, quienes están en la cima de la economía de la atención son también quienes ejercen mayor influencia sobre cómo se distribuyen los recursos críticos de la propia atención y del compromiso social, cívico y político.

Las decisiones de las élites más influyentes —incluidos los *influencers* que proliferan en las redes sociales— sobre dónde invertir tiempo o capital tienen efectos sociales desproporcionados que, con el tiempo, se consolidan y se convierten en características fijas y aparentemente indiscutibles de las interacciones de los demás. Las publicaciones de estas personas fomentan la participación y la atención, determinan qué temas se vuelven tendencia, quién es el «personaje principal» de Twitter ese día y, en consecuencia, qué asuntos dominan la agenda y la conversación pública. Cuando los demás decidimos qué ver, leer o responder, lo hacemos dentro de un marco previamente definido por estas élites.

112 Davide Calenda y Albert Meijer, «Political Individualization: New Media as an Escape from Family Control over Political Behavior», *Information, Communication & Society* 14, n.º 5 (2011): 660-83.

¿Te resulta familiar todo esto? Después de leer el capítulo 2, tendría que sonarte. La gran aportación de Carter G. Woodson fue identificar y articular este patrón de apropiación por parte de las élites en una historia que comenzó mucho antes de Twitter. Woodson lo expresó con particular claridad: «La llamada educación moderna beneficia a otros mucho más que al negro porque ha sido elaborada de conformidad con las necesidades de quienes han esclavizado y oprimido a los pueblos más débiles».[113] Woodson analizaba cómo las reglas de interacción social, establecidas por quienes ocupaban el papel de «amo» en la sociedad, influían en la arquitectura básica de la educación y en el terreno común sobre el que se construían las conversaciones en las aulas.

Pero el problema va más allá de una simple conversación. Los de arriba se han apoderado de territorios enteros de la vida social. Este expolio está profundamente incrustado en las reglas del juego que se derivan de las lógicas coloniales de propiedad. La acumulación de capital opera de forma muy similar a un juego, con una estructura de incentivos claramente definida, y sus jugadores de élite llevan siglos transformando el mundo para someter cada vez más aspectos de la vida a las reglas del capitalismo. La mayoría de las personas termina jugando ese juego por obligación, porque el mundo que encontramos al nivel de la interacción individual es un entorno plagado de opciones, penalizaciones y recompensas que solo tienen sentido dentro de la lógica capitalista.

---

113 Woodson, *Mis-Education of the Negro*, 20-21.

Tanto si la orden de sonreír al cliente se la da al trabajador un directivo o un algoritmo de calificación de Uber, la sonrisa se convierte en una acción con sentido porque seguir la corriente es la estrategia más segura para alcanzar el objetivo principal: un sueldo.

Tanto si un regulador o un supervisor de la industria petrolera acepta un soborno para ignorar una infracción como si diseña cuidadosamente un sistema de multas e impuestos que sabe de antemano destinado al fracaso, también está siguiendo el juego.

Tanto si un estudiante omite sus experiencias en un trabajo porque realmente cree que, como le dijo su profesor, los negros carecen de historia; porque observa que quienes tienen éxito siempre eligen temas vinculados a la historia de los blancos, o porque simplemente no encuentra libros sobre la historia de los negros, también está acatando unas reglas de juego impuestas por otros para obtener beneficios a corto plazo.

Aunque el objetivo del juego puede ser visceral y profundamente personal para cada jugador —autoestima, seguridad, incluso la propia supervivencia—, las reglas y el contexto que determinan qué acciones resultan razonables han sido diseñados por otros, que se benefician de los resultados de estos sistemas amañados.

El llamado terreno común ha sido objeto de un proceso de apropiación muy similar al que sufrieron las infraestructuras regulatorias del petróleo. Al fin y al cabo, no es más que «información pública»: elementos que consideramos colectivamente verdaderos.

Utilizamos esa información pública para realizar ciertas acciones: para comunicarnos, desde luego, pero también para desarrollar cualquier otra actividad colectiva.[114] Como explican las filósofas Kristie Dotson y Saray Ayala, no se trata tanto de una estructura de creencias como de «recursos epistémicos comunes» y de «facilidades»: elementos integrados en el entorno social que podemos utilizar para actuar conjuntamente.[115] Por lo general, nos comportamos como si la información del terreno común fuera cierta por la misma razón que caminamos por las aceras: es más fácil y seguro; las aceras están ahí precisamente para eso.

Entendido así, el terreno común es simplemente el aspecto informativo del entorno social que construimos y reconstruimos mediante nuestras palabras, acciones y afectos. Por eso, cuando conseguimos cuestionarlo con éxito estamos transformando el entorno social en sí mismo.[116]

114 Saray Ayala, «Speech Affordances: A Structural Take on How Much We Can Do with Our Words», *European Journal of Philosophy* 24, n.º 4 (2016): 879-91; Táíwò, «Empire Has No Clothes».

115 Ayala, «Speech Affordances»; Kristie Dotson, «Conceptualizing Epistemic Oppression», *Social Epistemology*, 2014.

116 See Kukla y Lance, «Yo!'and'Lo!».

## 3. Habitar los espacios

Al aceptar que los tratasen como ovejas, los trabajadores europeos perpetuaron su propia esclavitud ante la clase capitalista. No ejercieron un juicio autónomo, propio e independiente sobre las grandes cuestiones de la guerra y la paz y, como consecuencia de ello, terminaron masacrando no solo a los pueblos coloniales, sino también a sí mismos.
**Walter Rodney**, *De cómo Europa subdesarrolló a África*[117]

Sin duda, la subestimación de los valores culturales de los pueblos africanos, fundamentada en pulsiones racistas y en la intención de perpetuar la explotación extranjera, ha causado un daño profundo a África. Sin embargo, frente a la necesidad crucial del progreso, no son menos perjudiciales las siguientes actitudes y comportamientos: los halagos indiscriminados; la exaltación sistemática de las virtudes sin condenar los defectos; la aceptación ciega de los valores culturales sin analizar los elementos que puedan ser regresivos, y la confusión entre lo que es la expresión de una realidad histórica objetiva y material y lo que parece ser una creación de la mente o el producto de un peculiar temperamento.
**Amílcar Cabral**, *Return to the Source*[118]

117 Walter Rodney, *How Europe Underdeveloped Africa* (Londres y Dar Es Salaam: Bogle-L'Ouverture Publications, 1972) [*De cómo Europa subdesarrolló a África* (Buenos Aires: Siglo XXI Editores, 1982)].
118 Amílcar Cabral, *Return to the Source: Selected Speeches of Amílcar Cabral* (Nueva York: Monthly Review Press, 1973), 51.

La lectura del capítulo anterior puede haber resultado frustrante: mucho se ha hablado de la estructura social, sí, pero ¿qué pasa con nuestras decisiones? ¿Acaso no importa cómo decido jugar a los juegos que me presenta la vida? ¿No soy libre de respetar a las personas que me rodean, incluso si la sociedad me dice que no debo? Y, por mucho que la sociedad me haya llevado a no respetarlas, ¿no es ese fallo en parte una responsabilidad mía? ¿Cómo es posible que las élites se hayan apoderado de *todo*? Y, si eso es verdad, ¿qué queda? ¿Cómo podemos ganar en un mundo tan viciado y empeñado?

Es cierto que algunas formas de resistencia frente a un juego amañado son callejones sin salida: los diseñadores prevén esas respuestas; la resistencia contra la maquinaria solo conduce a mejoras marginales o, peor aún, a que la situación se agrave.

Podemos hacer algo más que resistir. Disponemos de mejores opciones. Ahora bien, antes de tener un debate profundo sobre las tácticas, es fundamental prestar atención al entorno en el que ese debate tiene lugar.

¿Qué está ocurriendo en este preciso momento? ¿Cómo hemos llegado tú y yo hasta aquí, a interactuar a través de estas páginas?

Después de todo, podría haberme conformado con leer y reflexionar sobre esas cuestiones a solas, como hacen muchas personas en el mundo. O podría haberme limitado a discutirlas con amigos y colegas. Pero eso no me otorgaría el poder de hablar contigo.

Como consecuencia de las reglas que ha impuesto el capitalismo racial, muy pocos de los miles —o millones— de personas que en el mundo comprenden cómo funciona la apropiación de las élites tienen la posibilidad de entrar en un espacio donde tú, querido lector, estés dispuesto a escucharlos. Puede que este libro, así como las ideas que en él se reúnen, haya llegado hasta ti gracias a esas mismas reglas, o tal vez se encuentre contigo *a pesar de ellas*. Es posible, en cualquier caso, que las normas no nos limiten tanto como he dado a entender en un principio.

La activista y revolucionaria Lilica Boal entendía bien la diferencia entre las normas que dictan quiénes debemos ser y las opciones reales que se nos presentan cuando decidimos actuar. Después de todo, era de ese tipo de personas que de vez en cuando se desvía del guion y se cuela en espacios a los que no debería acceder.

En junio de 1961, esta joven estudiante caboverdiana estaba en un lugar donde en ningún caso debía encontrarse: en una prisión española.

En realidad, Lilica tendría que haberlo previsto. Había nacido en 1934 en la ciudad de Tarrafal, en la isla caboverdiana de Santiago, dos años antes de que el Imperio portugués construyera la Colónia Penal do Tarrafal, una prisión destinada a los disidentes antifascistas del régimen dictatorial de Portugal. A pesar del sombrío contexto histórico de su lugar de nacimiento, los Boal disfrutaban de una posición económica relativamente acomodada para ser caboverdianos, y aún más para ser caboverdianos negros: además de tener propiedades, sus padres eran comerciantes, y entre sus clientes se encontraba la propia Colónia Penal.

Ese estatus de clase media no era fácil de alcanzar. Durante siglos, los funcionarios coloniales portugueses habían conspirado con los propietarios de las plantaciones para impedir que los caboverdianos tuvieran embarcaciones, despojando así a la población nativa del acceso a la seguridad alimentaria y a las oportunidades económicas que los abundantes recursos marinos del archipiélago podían proporcionarles. Esta política estaba estrechamente vinculada al uso histórico de las islas por parte del Imperio portugués como escala en la trata transatlántica de esclavos, pero también a la persistente utilización del enclave como zona de confinamiento para criminales exiliados, deportados políticos y soldados amotinados. La metrópoli portuguesa consideraba Cabo Verde un gulag.[119]

Lilica recuerda haber visto cómo llegaban a la prisión camiones llenos de prisioneros con los cristales tintados para evitar que los transeúntes pudieran ver a quienes se encontraban en el interior. Nadie hablaba de ello, pero todos sabían lo que pasaba: era una advertencia constante sobre el precio de cuestionar a las autoridades imperiales.[120]

Otro episodio de la infancia de Lilica ocupa un lugar destacado en su memoria: las devastadoras hambrunas de la década de 1940, que se cobraron más de cuarenta y cinco mil vidas.[121] Fueron las últimas de una larga sucesión de hambrunas recurrentes en Cabo Verde a lo largo de los siglos. Aunque a menudo se atribuían a las sequías, la realidad era mucho más compleja y el factor humano tenía un peso determinante. La escasa producción de alimentos en tierra firme era consecuencia del agotamiento y la erosión

119 George E. Brooks, «Cabo Verde: Gulag of the South Atlantic: Racism, Fishing Prohibitions, and Famines», *History in Africa* 33 (2006): 101, https://doi.org/10.1353/hia.2006.0008.
120 Lilica Boal, «Mulheres de abril: testemunho de Lilica Boal», *Esquerda*, 24 de noviembre de 2019, https://www.esquerda.net/artigo/mulheres-de-abril-testemunho-de-lilica-boal/64575.
121 Brooks, «Cabo Verde», 134.

del suelo, provocados por siglos de prácticas agrícolas y ganaderas insostenibles en las plantaciones de la isla.[122] A esta forma de subyugación total se sumaba la vulnerabilidad de los caboverdianos ante las crisis agrícolas, agravada por la prohibición colonial de poseer embarcaciones de cualquier tipo, lo que les impedía complementar las cosechas con los recursos marinos del archipiélago.[123]

Durante siglos, la vulnerabilidad ante la hambruna estuvo estrechamente ligada a la jerarquía racial de la isla. En la cúspide de esta se encontraban los *brancos,* la minoría de «superblancos» que habían nacido en la península y que solían ocupar el cargo de gobernador, los altos mandos militares y los rangos superiores del clero. Justo debajo de ellos estaban los *brancos da terra,* o blancos nacidos en la isla, encabezados por las antiguas familias de *morgados* blancos a quienes la Corona portuguesa había concedido tierras. Estos terratenientes, que representaban menos del 5% de la población, poseían y controlaban prácticamente toda la tierra cultivable. En el escalafón inferior se encontraban los *pardos* mestizos, que en ocasiones eran esclavizados, pero por lo general gozaban de libertad y disfrutaban de algunos privilegios asociados a los *brancos,* como vestirse a la europea. En la base de la jerarquía estaban los *pretos* negros. Los *pretos* esclavizados estaban obligados a trabajar seis días a la semana y disponían de una sola jornada para cultivar su propio alimento, mientras que los *pretos* libres se enfrentaban a condiciones de aparcería que apenas se diferenciaban de

122 Brooks, «Cabo Verde», 107, 111.
123 Brooks, «Cabo Verde», 107.

la esclavitud. Incluso tras la abolición de la esclavitud en 1864, que eliminó una de las múltiples bases legales de esta estructura social, siguió existiendo una fuerte correlación entre las muertes por hambruna y el estatus social: los *brancos* y los *pardos* tenían más probabilidades de poseer árboles frutales, huertos o bienes de valor para vender a cambio de alimento en tiempos de crisis, que seguían ocurriendo cada pocas décadas.[124]

Si hubieran recibido ayuda alimentaria del exterior, los caboverdianos posiblemente habrían podido sobrevivir y superar ambos problemas. Sin embargo, en la década de 1940, el Imperio portugués había adoptado lo que el historiador Alexander Keese describe como «una dinámica de explotación máxima de las poblaciones coloniales». Este enfoque —que combinaba una indiferencia absoluta hacia el sufrimiento de los colonizados con una falta casi total de inversión en infraestructuras básicas o en capacidad administrativa— provocaba niveles extremos de sufrimiento generalizado.[125] Lilica recuerda un episodio especialmente revelador: ante una petición de ayuda del gobernador de Cabo Verde, la administración colonial portuguesa respondió con rapidez. No enviaron alimentos ni recursos para aliviar la crisis, sino dinero para ampliar el cementerio de Tarrafal.[126]

124 Brooks, «Cabo Verde», 107-11.
125 Alexander Keese, «Managing the Prospect of Famine: Cape Verdean Officials, Subsistence Emergencies, and the Change of Elite Attitudes During Portugal's Late Colonial Phase, 1939-1961», *Itinerario* 36, n.º 1 (2012): 51.
126 Boal, «Mulheres de abril».

En realidad, Lilica recuerda mucho más que eso: los cadáveres de quienes habían muerto de hambre apilados en las calles, las ollas de comida que su familia preparaba para alimentar a quienes los rodeaban. Pero también recuerda la desconexión que ella y las familias de los carceleros sentían frente a las luchas que ocurrían a su alrededor.[127] Todo eso empezó a cambiar cuando su familia recibió la visita de una familia portuguesa blanca.

Luís Alves de Carvalho y doña Herculana se sentían tan desubicados en Tarrafal como Lilica Boal se sentiría años más tarde en Lisboa. Provenían de Oporto, una de las principales ciudades de Portugal, donde Luís trabajaba como corredor de bolsa. Lo que los llevó a la pequeña ciudad de Tarrafal no fueron las oportunidades de negocio, sino la prisión: allí estaba encarcelado su hijo adolescente, Guilherme da Costa Carvalho, militante antifascista.[128]

En Tarrafal no había hoteles ni restaurantes, pero un socio que los Boal y Luís tenían en común le había hablado a este sobre la familia de Lilica, que accedió a alojarlos en su casa. La pareja portuguesa aprovechó la estancia allí para visitar a su hijo Guilherme y a sus camaradas antifascistas en la prisión local.

Tiempo después de que Luís y doña Herculana regresaran a Portugal, Lilica tuvo la inusual oportunidad de matricularse en la Universidad en Lisboa y los Carvalho se convirtieron en su segunda familia. Más adelante,

127 Boal, «Mulheres de abril».
128 Boal, «Mulheres de abril».

cuando Guilherme fue trasladado de Tarrafal a la prisión de Peniche, en Portugal, Lilica lo visitó con frecuencia.[129]

En parte gracias a esas visitas, la joven comenzó a frecuentar a más militantes de la izquierda portuguesa. Además de los antifascistas encarcelados a los que conoció y de los que Guilherme le habló, los Carvalho le presentaron a algunos miembros del Partido Comunista Portugués, como Virgínia Moura y Maria Cal Brandão, y organizaron encuentros con familiares de presos políticos.[130] Más tarde, Lilica conoció a Manuel Boal, un estudiante de medicina angoleño con quien se casó y con quien poco después tuvo una hija: Sara.

Es probable que el más importante de esos encuentros se produjese en 1960, cuando Lilica se trasladó a Lisboa para pasar un tiempo en la Casa dos Estudantes do Império. Allí, se reunieron varios jóvenes de Angola, Mozambique, Santo Tomé y Guinea-Bissau —las colonias africanas de Portugal— para hablar de la situación en sus respectivos países y de cómo mejorarla. Como no tardaron en darse cuenta de que era poco lo que podían hacer desde Lisboa, decidieron salir clandestinamente del país y regresar a sus patrias: «Huir para luchar». Fue una decisión especialmente difícil para Lilica y Manuel, cuya hija tenía solo diecisiete meses. Aun así, optaron por enviar a Sara con su abuela materna a Tarrafal y unirse a la causa.

Lilica y Manuel guardaron lo que pudieron en una maleta de tres kilos y partieron junto a otros estudiantes de

129 Boal, «Mulheres de abril».
130 Boal, «Mulheres de abril».

la Casa dos Estudantes do Império. Llegaron a la frontera con España en una pequeña embarcación de contrabando a cuyo patrón habían sobornado, pero fueron detenidos y pasaron dos días en una prisión española. La policía portuguesa solicitó su entrega a las autoridades españolas, pero el Conselho Ecuménico das Igrejas intervino y presionó para que se les permitiera continuar el viaje hacia Francia. Finalmente, la pareja y sus compañeros llegaron a Alemania, desde donde se trasladaron a Ghana en un avión enviado por el primer ministro de este país, Kwame Nkrumah.[131]

Habían alcanzado su objetivo. Lilica desempeñó un papel clave en la lucha revolucionaria de Cabo Verde y Guinea-Bissau contra el Imperio portugués, así como en los esfuerzos posteriores de construcción nacional. Participó tanto en la planificación de la estrategia militar como en la puesta en marcha de nuevos enfoques educativos y en el establecimiento de una política exterior basada en el principio de solidaridad.[132]

## Política de la deferencia

A la luz de la historia de Cabo Verde y de Guinea-Bissau —atravesada por divisiones profundas de raza, de género, de clase, de religión y de otros muchos tipos—, resulta difícil comprender cómo pudo surgir allí una lucha revolucionaria y, más aún, cómo esta pudo tener éxito.

---

131 Boal, «Mulheres de abril».
132 Boal, «Mulheres de abril»; António Tomás, *Amílcar Cabral: The Life of a Reluctant Nationalist* (Londres: Hurst & Co., 2021), 127-28.

Las reglas de la interacción social parecían descartar cualquier posibilidad de solidaridad efectiva. De hecho, si Lilica hubiera seguido estrictamente las normas sociales, nunca habría llegado a afiliarse a una organización como el PAIGC (Partido Africano para a Independência da Guiné e Cabo Verde) ni, mucho menos, a desempeñar dentro de ella una posición tan importante como la que llegó a alcanzar.

Sin embargo, el objetivo del capítulo anterior no era demostrar nuestra impotencia ante las lógicas históricas o la estructura social. Más bien, pretendía mostrar que gran parte del tablero de juego está preconfigurado, que la sociedad nos entrega las piezas que finalmente podemos mover. A pesar de ello, conservamos —y sí, también ejercemos— un poder y una responsabilidad importantes, incluso dentro de las reglas de un juego tan profundamente amañado.

Una forma de responder a este juego amañado es centrarnos en el lugar en que ya estamos, en el espacio que ya ocupamos. La historia ha construido los espacios que nos rodean; nos encontramos en lugares y con personas, recursos e incentivos que no hemos elegido.

Las primeras reglas que aprendemos a seguir son las que se aplican en los espacios donde estamos. Quienes mandan han decidido esas reglas; han decidido también dónde están los recursos y quién puede acceder a ellos. Como vimos en el capítulo anterior, incluso establecen las normas que determinan cómo responde el entorno a nuestras acciones, y con frecuencia ese entorno es hostil. Pero no controlan —al menos no de forma directa y definitiva— el sentido de nuestras acciones. Y ahí se abre una ventana de oportunidad.

En nuestras interacciones personales, en el marco de la vida cotidiana, podemos actuar basándonos en normas que aceptamos de forma voluntaria: ¡al diablo con las reglas del emperador! Tal vez no podamos controlar cómo reacciona un determinado espacio a nuestra intervención, pero sí podemos hablar. También podemos decidir no hablar, invitar a otra persona a que hable o, simplemente, seguir su ejemplo.

Este es el tipo de oportunidades que intenta aprovechar la política de la deferencia, para la que modificar cualquier interacción personal de acuerdo con los deseos de las personas y de los colectivos marginados supone un avance hacia la justicia. Aunque esta perspectiva no es del todo errónea, puede resultar engañosa e imponer límites involuntarios. En un juego tan amañado, evitar movimientos que intensifiquen la apropiación de las élites u otros aspectos opresivos de nuestra estructura social es mucho más difícil de lo que parece, incluso cuando las estrategias adoptadas identifican correctamente la distribución del poder en el espacio que ocupamos.

Después de todo, algunos espacios tienen un poder y una influencia enormes: la Situation Room de la Casa Blanca, la sala de prensa, la mesa de negociaciones, la sala de conferencias. Estar en uno de esos espacios implica que nuestras palabras y acciones tienen un impacto sobre instituciones y dinámicas sociales mucho más amplias. Estar ahí constituye, en sí mismo, una ventaja social, adquirida con frecuencia gracias a algún tipo de privilegio anterior.

Un ejemplo elocuente de política de la deferencia son los llamamientos a «escuchar a los más afectados» o a «centrarse en los más marginados», hoy omnipresentes en muchos círculos de la universidad y del activismo. Estos llamamientos nunca me han resultado del todo convincentes. En mi experiencia como académico y activista, cuando alguien decía que necesitaba «escuchar a los más afectados», eso rara vez se traducía en realizar llamadas por Skype a un campo de refugiados o en ayudar de forma activa y directa a las personas sin hogar. En realidad, actuar según el principio de «centrarse en los más marginados» requeriría un enfoque completamente distinto. En un mundo donde mil seiscientos millones de personas viven en condiciones infrahumanas, cien millones no tienen hogar, un tercio de la población carece de un suministro constante de agua potable y las crisis alimentarias, energéticas e hídricas convergen con la climática —que ya ha desplazado a ocho millones y medio de personas solo en el sudeste asiático y amenaza con desplazar a decenas de millones más—, esa postura exigiría, como mínimo, abandonar el espacio en el que nos encontremos, dejarlo todo.[133]

En mi experiencia, «centrarse en los más marginados» suele conllevar, por el contrario, que se ceda la autoridad de la conversación y de la atención a quien ya estaba presente, a las personas que ya tenían voz, pero que al mismo tiempo encajaban en alguna categoría social asociada con

133 World Health Organization, «1 in 3 People Globally Do Not Have Access to Safe Drinking Water - UNICEF, WHO», nota de prensa, 18 de junio de 2021, https://www.who.int/news/item/18-06-2019-1-in-3-people-globally-do-not-have-access-to-safe-drinking-water-unicef-who; United Nations, «Affordable Housing Key for Development and Social Equality, UN Says on World Habitat Day», 2 de octubre de 2017, https://news.un.org/en/story/2017/10/567552-affordable-housing-key-development-and-social-equality-un-says-world-habitat.

una forma de opresión. Estas percepciones se activan con independencia de lo que esa persona haya experimentado realmente o de lo que sepa sobre el tema en cuestión. Incluso en espacios donde había mucho en juego —ya fuera en debates académicos sobre cómo entender un fenómeno social o en discusiones entre activistas sobre los objetivos hacia los que tenía que encaminarse una acción—, las normas de la deferencia han conducido, con frecuencia, a que la conversación siga circunscrita a un espacio concreto y a dejar fuera a quienes más directamente se veían afectados por la cuestión que se trataba.

Esta política de la deferencia tiene su origen en una orientación teórica conocida como epistemología situada, que ganó popularidad en algunos círculos feministas durante la década de 1970 y que aún hoy sigue influyendo en el pensamiento de muchas activistas y académicas.[134] La epistemología situada se basa en tres ideas aparentemente inocuas:

**1.** El conocimiento está condicionado por el entorno social.

**2.** Las personas marginadas disfrutan de ciertas ventajas a la hora de adquirir y acceder a formas específicas de conocimiento.

**3.** Los programas de investigación (y otros ámbitos de la actividad humana) deberían reflejar estos hechos.

---

134 Briana Toole, «Demarginalizing Standpoint Epistemology», *Episteme* 1 (2020): 19; Briana Toole, «From Standpoint Epistemology to Epistemic Oppression», *Hypatia* 34, n.º 4 (2019): 598-618; Internet Encyclopedia of Philosophy, «Feminist Standpoint Theory», *Internet Encyclopedia of Philosophy*, https://iep.utm.edu/fem-stan/.

Las ideas que acabo de exponer tendrían que resultar evidentes por sí mismas. Como sostiene Liam Kofi Bright, cualquier filosofía empirista mínimamente rigurosa conduciría, de forma inevitable, a esos tres puntos.[135] Además, son ideas políticamente relevantes, ya que subrayan el valor de la experiencia vivida y del conocimiento que surge de ella. En principio, comprometerse con estos planteamientos debería fortalecer nuestra capacidad para oponernos a la apropiación de las élites y para restringirla. Y deberían servir también como base para valorar formas de conocimiento que las instituciones del mundo tenderían, de otro modo, a deslegitimar o ignorar.

Pero, como suele decirse, el diablo está en los detalles. Los enfoques habituales que intentan poner en práctica estas ideas tienden a subrayar la deferencia hacia los demás en un esfuerzo por fijar la distribución de la atención: se nos pide que cedamos la palabra, que creamos a los marginados, que les ofrezcamos reconocimiento o ayuda.

La motivación de estas acciones es digna de encomio y las propias acciones son, por lo general, positivas. Pero más allá del plano actitudinal y de las dinámicas interpersonales, todas las formas de opresión —el racismo, el capacitismo, la xenofobia y el patriarcado entre otras muchas— tienen también consecuencias *materiales* muy serias. Es decir: las estructuras injustas que configuran nuestra vida cotidiana determinan quién tiene acceso a la seguridad interpersonal básica, a una vivienda digna, a la atención sanitaria, al agua o a la energía. Así pues, si

---

135 Liam Kofi Bright, «Empiricism Is a Standpoint Epistemology», *The Sooty Empiric* (blog), junio de 2018, https://sootyempiric.blogspot.com/2018/06/empiricism-is-standpoint-epistemology.html.

realmente queremos plantar cara a la opresión de manera global y omnicomprensiva, es necesario abordar todos los efectos de la intolerancia, desde los aparentemente más abstractos hasta los inequívocamente materiales.

La política de la deferencia tiende a centrarse en los asuntos de los que más se discute en los espacios donde las élites interactúan con mayor frecuencia: las aulas universitarias, las salas de juntas, los partidos políticos. Como resultado, solemos recibir muchos más consejos prácticos y detallados sobre, por ejemplo, cómo asignar ciertas tareas de forma equitativa y democrática en una asamblea que sobre cómo garantizar la supervivencia de las personas.

Adoptar la deferencia como orientación política predeterminada puede, de hecho, ir en contra de los propios grupos marginados. A nuestro alrededor proliferan los discursos que achacan la injusticia atencional a la selección de los portavoces y de las listas de libros que, según se cree, mejor representan a los colectivos excluidos, al tiempo que ignoran la manera mucho más significativa en que las empresas y los algoritmos distribuyen esa misma atención. En última instancia, este enfoque contribuye a la instrumentalización de la atención en nombre de los colectivos marginados: desvía el escaso control que podemos ejercer sobre ella hacia los lugares simbólicos del poder en lugar de dirigirlo a las cuestiones políticas fundamentales que explican las raíces de la opresión sistémica.

Un vistazo al pasado ofrece un ejemplo contundente de las posibilidades y las limitaciones del enfoque de la deferencia. En 2007, Barack Obama se encontraba en plena campaña para las elecciones presidenciales de Estados Unidos. Después de haber perdido dos de las tres primeras votaciones en las primarias demócratas frente a Hillary Clinton, Obama se vio obligado a dar un mitin ante un pequeño grupo de seguidores en Greenwood, Carolina del Sur. Parecía completamente agotado y desanimado, pero una asistente al acto llamada Edith S. Childs alzó la voz de repente y le gritó unas palabras de aliento: «¡Ánimo y a por todas!». Las personas que se encontraban a su alrededor empezaron a repetir la frase, y el público se vino arriba. Un Obama completamente revitalizado consiguió aplastar a Clinton en las primarias de Carolina del Sur. A partir de entonces, las palabras pronunciadas por Childs se convirtieron en el lema central de la campaña que llevaría al joven político a la Casa Blanca.[136]

Dos años después, el presidente Barack Obama pronunció otro discurso, esta vez en Minneapolis y para defender la ampliación del acceso a la atención sanitaria que estaba tratando de impulsar. En su intervención dijo lo siguiente: «Siempre he creído que el cambio se produce desde abajo, no desde arriba [...]. Empieza cuando compartís vuestras historias y lucháis por algo mejor».[137] Pero

136 Priscilla Frank, «Touching Animation Recounts Story of Obama's "Fired Up, Ready To Go" Chant», *HuffPost*, 19 de abril de 2017, https://www.huffpost.com/entry/animated-film-obama-fired-up-_n_5880ebd4e4b0e3a73567767e; Byron Tau, «The Story of "Fired up! Ready to Go"», *Politico*, 4 de abril de 2012, https://www.politico.com/blogs/politico44/2012/04/the-story-of-fired-up-ready-to-go-119612; Jeff Zeleny y Michael M. Grynbaum, «Obama Wins South Carolina Primary», *The New York Times*, 26 de enero de 2008, https://www.nytimes.com/2008/01/26/us/politics/26cnd-carolina.html.
137 «Fired Up? Ready to Go?», web oficial de la Casa Blanca,13 de septiembre de 2009, disponible en https://obamawhitehouse.archives.gov/blog/2009/09/13/fired-ready-go.

¿qué significa, en este contexto, que el cambio se produce desde «abajo»? El presidente fue sorprendentemente claro en su respuesta: «Esto demuestra que una sola voz puede cambiar el espacio en el que nos encontramos. Y si cambia un pequeño espacio, puede cambiar una ciudad. Y si puede cambiar una ciudad, puede cambiar un estado. Y si puede cambiar un estado, puede cambiar una nación. Si cambia la nación, puede cambiar el mundo». Es decir, Obama presentó un modelo de cambio que se desplaza a través de canales preestablecidos, de una jerarquía en la que él mismo ocupaba la posición más alta.

Tendemos a ponernos en guardia cuando esta fórmula del cambio «desde abajo» se emplea en el marco de la política formal y es un político quien se sirve cínicamente de ella. Sin embargo, como señala la teórica política Jo Freeman, los espacios de los que formamos parte —como activistas, académicos u organizadores— tampoco están exentos de este fenómeno.[138] Según Freeman, cualquier grupo de personas que interactúa de forma continuada desarrolla inevitablemente una estructura, ya sea de manera consciente o inconsciente. Y con esa estructura surge el interrogante: ¿cómo se distribuyen los recursos, las responsabilidades, la atención y el poder?

Las élites de los grupos marginados pueden beneficiarse de la deferencia de formas que, al menos en teoría, son compatibles con el progreso social, especialmente si después se toman las medidas adecuadas. No obstante, asumir que los intereses de estas élites están necesaria

---

138 Jo Freeman, «The Tyranny of Structurelessness», web oficial de Jo Freeman, https://www.jofreeman.com/joreen/tyranny.htm.

o previsiblemente alineados con los del colectivo al que pertenecen es una ingenuidad política que no podemos permitirnos. En este sentido, la confusión en torno a los intereses de las élites funciona como una especie de *reaganomics* racial: una estrategia basada en fantasías sobre un supuesto trasvase entre la economía de la atención y la economía material.

Tenemos que transformar la estructura social misma: reparar los espacios en los que interactuamos y la casa que conforman. Como estrategia, la deferencia mantiene, en el mejor de los casos, una relación débil e insuficiente con este objetivo.

### Lo que se ve desde los espacios que ocupamos

Para comprender qué falla en las aplicaciones deferentes de la teoría del punto de vista, primero debemos entender por qué gozan de tanta popularidad. Una posible respuesta cínica sería que la deferencia hacia determinadas figuras de una comunidad oprimida a menudo sirve para suavizar, excusar o simplemente desviar la atención del hecho de que quienes muestran deferencia «en un determinado espacio» por lo general gozan de tales privilegios que cuando «apoyan» un punto de vista esperan provocar ciertos cambios y, de paso, quedar en un buen lugar.

En su influyente ensayo «The Tyranny of Structurelessness» [La tiranía de la desestructuración], Jo Freeman señala que la supuesta «ausencia de estructura» en el movimiento de liberación de las mujeres no resolvió el problema de la distribución desigual e injusta del poder. Muy al contrario: la falta de estructura ofreció una coartada

para que las redes informales de ciertas élites bien posicionadas ejerciesen una enorme influencia sobre la cultura,
la dinámica y las actividades del grupo.[139]

A diferencia del enfoque de la ausencia de estructuras,
la política de la deferencia no oculta sus consecuencias en
términos distributivos. Cuando se realiza un acto visible de
deferencia, como «dar la palabra» o «un paso atrás» para
ceder la atención o el espacio a otra persona, la promesa
de redistribuir la atención suele cumplirse, al menos a
corto plazo. No obstante, esta práctica puede enmascarar
dinámicas de poder más amplias, especialmente si consideramos a quienes no están presentes en ese espacio.
Por ejemplo, que una persona blanca dé la palabra a un
individuo racializado puede ocultar tanto las dinámicas de
poder que operan en un espacio como la relación que este
guarda con la categoría más amplia de «personas racializa-
das» a la que ese individuo al parecer representa.

Sería razonable suponer que la mayoría de quienes
aplican la teoría del punto de vista de forma deferente lo
hacen con buenas intenciones y confían en que las personas con quienes comparten un espacio los ayuden a construir una praxis coherente con los compromisos morales
que defienden en común. De hecho, para comprender
este fenómeno no es necesario atribuir mala fe a todas —
ni siquiera a la mayoría— de las personas que practican
la política de la deferencia.

Compartir un espacio con malos compañeros no es el
problema, del mismo modo que ser un buen compañero
no es la solución: el problema es que seguimos atrapados

---

139 Freeman, «Tyranny of Structurelessness».

en ese mismo espacio. Si aspiramos a una política mejor, debemos cuestionar cómo se construyen esos espacios, el sistema de seguridad que regula quién accede a ellos y las normas que determinan lo que ocurre en su interior.

A modo de ilustración, volvamos a la cuestión de cómo has llegado a leer este libro, querido lector, y cómo estamos interactuando, ahora mismo, a través de él. Para responder esta pregunta, es necesario considerar las múltiples y complejas capas de historia, política y geografía que hicieron posible la escritura del presente texto.

Muchos aspectos de nuestro sistema social funcionan como mecanismos de filtrado, determinando qué interacciones se producen y entre quiénes, y, por tanto, qué pautas sociales pueden observarse. Durante gran parte del siglo XX, el sistema de cuotas migratorias de Estados Unidos restringió la inmigración legal y el acceso a la ciudadanía casi exclusivamente a personas europeas, lo que llevó a Adolf Hitler a considerar a Estados Unidos como el «líder mundial en el desarrollo de políticas explícitamente racistas de nacionalidad e inmigración», según las palabras del jurista James Q. Whitman.[140]

Sin embargo, la Ley de Inmigración y Nacionalidad de 1965 amplió los supuestos migratorios, abriendo la puerta a muchas más personas y priorizando especialmente a la «mano de obra cualificada». Mi familia emigró de Nigeria a Estados Unidos bajo estas condiciones y se integró

---

140 Stephen Rohde, «The United States—A Model for the Nazis», *Los Angeles Review of Books*, 3 de septiembre de 2017, https://lareviewof-books.org/article/the-united-states-a-model-for-the-nazis/; James Q. Whitman, *Hitler's American Model: The United States and the Making of Nazi Race Law* (Princeton, NJ: Princeton University Press, 2017).

en la comunidad nigeriano-estadounidense, una de las poblaciones inmigrantes más prósperas del país. Lo que rara vez se menciona, por supuesto, es que los aproximadamente ciento doce mil nigeriano-estadounidenses con estudios superiores no son nada en comparación con los ochenta y dos millones de nigerianos que viven con menos de un dólar al día.

Los filtros selectivos de la ley de inmigración estadounidense explican, al menos en parte, las elevadas tasas de éxito educativo de la diáspora nigeriana en la que crecí. Y ese contexto, a su vez, permite entender mejor la riqueza, las ventajas de clase y las expectativas culturales que moldearon mi propio desarrollo personal y académico.[141]

Las ventajas de clase con las que crecí ayudan a explicar en qué aulas me eduqué y socialicé durante la educación primaria y secundaria, lo que al mismo tiempo facilitó mi acceso a los cursos de nivel avanzado en el instituto, mientras que a otros alumnos, procedentes de entornos más desfavorecidos se los desplazaba hacia los cursos de refuerzo. Esto, a su vez, explica mi acceso a la educación superior y la admisión en instituciones de las que otros fueron excluidos, y así sucesivamente.

---

141 «Forty Percent of Nigerians Live below the Poverty Line: Report», *Al Jazeera*, 4 de mayo de 2020, https://www.aljazeera.com/economy/2020/5/4/forty-percent-of-nigerians-live-below-the-poverty-line-report; «The Most Successful Ethnic Group in the U.S. May Surprise You», *OZY*, 6 de enero de 2018, https://www.ozy.com/around-the-world/the-most-successful-ethnic-group-in-the-u-s-may-surprise-you/86885/; Leslie Casimir, «Data Show Nigerians the Most Educated in the U.S.», *Chron*, 20 de mayo de 2008, https://www.chron.com/news/article/Data-show-Nigerians-the-most-educated-in-the-U-S-1600808.php.

De hecho, el sistema educativo constituye un ejemplo claro e inusualmente explícito de los procesos de selección. Esa trayectoria explica por qué *mis* reflexiones sobre la apropiación de las élites fueron aceptadas y publicadas, en primer lugar, como un artículo en *The Philosopher*,[142] y por qué hoy cuento con los recursos necesarios para escribir todo un libro que incluso personas ajenas a la filosofía puedan leer. Es un ejemplo de lo que los sociólogos denominan «ventaja acumulativa» o «efecto Mateo»: quienes tuvieron éxito ayer tienen más probabilidades de recibir las recompensas de hoy, lo que a su vez incrementa las posibilidades de que reciban también las de mañana.[143]

Con estas lógicas selectivas en mente, resulta evidente cómo esta forma deferente de teoría del punto de vista puede contribuir al proceso de apropiación que las élites realizan a gran escala. Cuanto más alto es el nivel educativo, más restringida y acotada tiende a ser la experiencia social. A algunos estudiantes se los encamina al doctorado; a otros hacia la cárcel. Las mismas estructuras opresivas que aspiramos a cuestionar son, en gran medida, las que determinan quién llega a dónde. Las

---

142 Véase Olúfémi O. Táíwò, «Being-in-the-Room Privilege: Elite Capture and Epistemic Deference», *The Philosopher* 108, n.º 4 (2020).

143 Robert K. Merton, «The Matthew Effect in Science: The Reward and Communication Systems of Science Are Considered», *Science* 159, n.º 3810 (1968): 56-63; Paul D. Allison, J. Scott Long, y Tad K. Krauze, «Cumulative Advantage and Inequality in Science», *American Sociological Review*, 1982, 615-25; Robert J. Sampson y John H. Laub, «A Life-Course Theory of Cumulative Disadvantage and the Stability of Delinquency», *Developmental Theories of Crime and Delinquency* 7 (1997): 133-61.

formas deferentes de tratar la identidad pueden, de manera sencilla e inadvertida, reproducir las distorsiones que estos procesos de selección generan.

Pero también es fácil entender, si atendemos al ámbito más concreto y local —*este* espacio social, *esta* conversación—, que la deferencia resulta razonable porque puede representar una mejora respecto a los procesos epistémicos previamente existentes. Por ejemplo, una persona negra presente en un espacio elitista podría estar en mejor posición que las personas del mismo entorno que no son de color para reflexionar sobre cuestiones como la violencia policial o el sistema de prisiones. En tal caso, de ser necesario escuchar a alguien, tal vez sería preferible atender a esa persona negra —aunque sea un privilegiado con recursos— antes que a un blanco igualmente privilegiado que, en otras circunstancias, dominaría el debate. Dicho de otro modo, la deferencia a menudo parece la mejor opción dentro de los límites que impone el espacio *realmente existente*.

Pero no deberíamos conformarnos con tan poco. Si nuestro objetivo consiste sencillamente en dejar atrás las normas epistémicas heredadas de unas dinámicas de *apartheid* globales y explícitas, el listón está muy bajo.

Los factores que determinan *quién* accede a *qué* espacio tienen un impacto mucho más profundo en la configuración de nuestro mundo que las disputas sobre el prestigio relativo entre quienes ya han logrado entrar en él. Y cuando la conversación gira en torno a la justicia social, los mecanismos que determinan quién accede suelen ser precisamente los que necesitan modificarse. Por ejemplo, el hecho de que las personas encarceladas no puedan participar en debates académicos sobre la noción de libertad está directamente relacionado con el hecho de que se encuentren confinadas en celdas.

Pese a todo, el enfoque de la deferencia presenta un atractivo evidente. Las personas en posiciones de poder que reciben pleitesía pueden considerarse «élites» en relación con el grupo más amplio al que representan y, al mismo tiempo, estar en desventaja respecto a quienes ocupan posiciones más altas en espacios adyacentes.

Nuestra percepción de nosotros mismos —y las pautas de deferencia que adoptamos según nuestros compromisos epistemológicos— tiende a resaltar las formas en que somos marginados, pasando por alto con frecuencia aquellas en las que no lo somos. Una persona con privilegios considerables (por ejemplo, alguien que pertenece a la mitad de la población mundial con las «necesidades básicas» satisfechas) puede, no obstante, sentirse constantemente en desventaja dentro de las dinámicas de poder inmediatas de su entorno social. Los espacios en los que nos encontramos —las dinámicas sociales que vivimos y experimentamos directamente— desempeñan un papel crucial en la formación de nuestra subjetividad política y en la manera en que llegamos a definirnos.

La deferencia responde a experiencias reales y profundamente significativas de menosprecio, omisión, marginación o silenciamiento. Que otras personas afronten problemas más graves no justifica la intolerancia hacia quienes se encuentran relativamente favorecidos.

Las personas exigen —y tienen derecho a exigir— respeto, dignidad y un reconocimiento básico, además de reformas políticas y redistribución material. Todos merecemos atención; una atención que con demasiada frecuencia se niega, incluso a quienes ocupan posiciones relativamente privilegiadas dentro de los grupos marginados y estigmatizados. Además, el respeto y la atención no se distribuyen únicamente a nivel individual; también pueden ganarse y perderse de forma colectiva. Existe una relación innegable entre lo que ocurre dentro de un espacio y lo que sucede fuera de él. En este sentido, la interpretación deferente de la teoría del punto de vista tiene un atractivo que va más allá de lo puramente epistémico: incide directamente en las prácticas de atención y reconocimiento que, a su vez, acarrean consecuencias morales significativas.

Esta tendencia a centrarse en la propia marginación relativa se ve especialmente favorecida cuando en un espacio se restringen o se obstaculizan nuestros contactos con quienes ocupan las posiciones inferiores de una determinada jerarquía. A fin de cuentas, este es uno de los principales propósitos de esos espacios. El protagonismo de lo personal en este contexto puede tener sentido, especialmente desde la perspectiva de la teoría del punto de vista y de su énfasis en la experiencia vivida. Nuestra atención personal hacia las formas en que somos marginados suele coincidir con el mundo *tal y como lo hemos experimentado*. Además, este enfoque puede resultar, en cierta medida, cómodo para quienes practican la epistemología de la deferencia. Sin embargo, creo que una interpretación exclusivamente cínica no hace justicia a estas prácticas. Muchas de las personas que adoptan la epistemología de la deferencia solo pretenden dar lo mejor de sí mismas.

Con todo, este fenómeno ilustra cómo la mayor fortaleza de la teoría del punto de vista —que reconozca la importancia de la perspectiva subjetiva— se convierte en una debilidad cuando se reduce al marco de las políticas de la deferencia. Desde una perspectiva estructural, los espacios a los que no accedemos, las experiencias que no vivimos (y las razones por las que somos capaces de evitarlas) pueden ofrecernos enseñanzas más valiosas sobre el mundo y nuestro lugar en él que cualquier conversación dentro de los espacios a los que ya pertenecemos. Lejos de permitir que nos «centremos» en los más marginados o que los escuchemos, el enfoque deferente de la teoría del punto de vista nos ata a las interacciones que tienen lugar en los espacios a los que ya hemos accedido y nos aleja de las conversaciones en las que no participamos.

Incluso cuando beneficia a quienes va dirigida, la deferencia puede reforzar normas que debilitan al colectivo del que esas personas forman parte.

En *Conflict Is Not Abuse* [El conflicto no es abuso], la escritora y activista Sarah Schulman observa que tanto el trauma como la sensación de superioridad, aunque surjan de motivos distintos y tengan implicaciones morales diferentes, tienden a generar patrones de comportamiento similares: a sobredimensionar los agravios en un conflicto y a percibir la autonomía de los demás como una amenaza (por ejemplo, reprochando que no se dé prioridad a los temas y a las personas que se consideran más indicados). Sea cual sea su origen, estos comportamientos tienen consecuencias perniciosas siempre que las normas de una comunidad los amplifican en lugar de contenerlos o canalizarlos adecuadamente.

Para quienes practican la deferencia, este hábito puede propiciar una forma de cobardía moral, ya que les ofrece una coartada social para eludir las responsabilidades políticas y traslada hacia héroes individuales, hacia una élite o hacia un pasado idealizado el trabajo que deberíamos realizar en el presente. Aunque su perspectiva pueda ser más lúcida o eficaz en determinados temas, su visión del mundo también está condicionada por la historia, como cualquier otra. Y lo que es aún más importante: la deferencia proyecta responsabilidades colectivas sobre ciertos individuos, de los que por lo general se ofrece una versión completamente ficticia y simplificada.

La deferencia hacia determinados colectivos y sus culturas entraña riesgos similares a los que ya se ha señalado en el caso de la deferencia hacia individuos marginados. Amílcar Cabral, militante del PAIGC, subrayó la necesidad de combatir el racismo contra los negros y la percepción de inferioridad que pesaba sobre la historia y la cultura africanas. Sin embargo, negó la existencia de una única cultura africana y sostuvo que, incluso si existiera, centrarse exclusivamente en ella no resolvería las cuestiones fundamentales sobre cómo organizarnos o actuar políticamente. En su opinión, «toda cultura presenta elementos esenciales y secundarios, puntos fuertes y débiles, virtudes y defectos, aspectos positivos y negativos, factores de progreso y factores de regresión». Cabral insistía en que «aceptar ciegamente ciertos valores culturales, sin considerar sus posibles elementos regresivos», podía ser tan perjudicial para África como lo fue el yugo racista que sufrió el continente.[144]

Las mismas tácticas de deferencia que nos aíslan de la crítica y el disenso nos alejan también de la conexión y del potencial transformador. Nos impiden comprometernos

---

144 Cabral, «National Liberation and Culture», *Transition*, n.º 45 (1974): 12-17.

de forma empática y auténtica con las luchas de otras personas, algo indispensable para construir coaliciones políticas efectivas.

A medida que las identidades se perfilan y los desacuerdos se intensifican, comprendemos que la llamada «política de las coaliciones» —entendida como la primacía de la lucha compartida por encima de cualquier diferencia— no es otra cosa que la política en su forma más genuina. Así pues, la orientación deferente, al igual que la fragmentación que alimenta, es en última instancia antipolítica.

Optar por la deferencia en lugar de por la interdependencia puede, a corto plazo, aliviar heridas psicológicas. Pero ese alivio tiene un coste elevado: socava los objetivos que dieron origen al proyecto transformador y consolida una forma de hacer política que no sirve a quienes luchan por la libertad frente al privilegio, por la liberación colectiva frente a las prebendas de unos pocos.

### Proyectos y estrategias mejores

La política de la deferencia acierta en el *qué*: es fundamental atender las experiencias vividas y reconocer la relevancia política de la diferencia. Pero yerra en el *cómo*: cuanto más nos centramos en ajustar nuestras normas de interacción y conversación para elevar de forma superficial y cosmética ciertas voces *dentro* de un espacio, más difícil se vuelve transformar el mundo que queda *fuera* de él.

Como nos recordaba el filósofo C. Thi Nguyen en el capítulo anterior, el verdadero poder reside en quien diseña el juego: en quien construye el entorno social, económico, cultural e incluso atencional y lo configura de tal modo que nos sintamos compelidos a seguir sus reglas.

En el discurso citado al inicio de este capítulo, Amílcar Cabral señala otro aspecto crucial del control sistémico: «La dominación imperialista […] para su propia seguridad y supervivencia, requiere la opresión cultural y el intento de liquidación directa o indirecta de los elementos esenciales de la cultura del pueblo dominado». Para Cabral, la cultura representa la capacidad colectiva de concebir y organizar nuestras propias vidas, de ser protagonistas de nuestra propia historia; una habilidad que entra en conflicto directo con los objetivos imperialistas de diseñar y controlar. Por eso afirma que, «cualesquiera que sean los aspectos materiales de esta dominación», el imperialismo solo puede perpetuarse «mediante la represión permanente y organizada de la vida cultural de los pueblos sometidos».[145]

Esto, por encima de todo, revela el problema fundamental de la deferencia: que limita nuestra capacidad para reconstruir la casa entera y nos confina a los espacios concretos que ya han sido diseñados para nosotros. Aunque se presenta como una concesión hacia voces y perspectivas marginadas, otorga tanto poder creativo al modelo social que tal vez sea más preciso entenderla como una concesión a la estructura preexistente de esa misma sociedad.

Propongo aquí otro enfoque: uno que reconozca la necesidad de iniciar el cambio desde las interacciones que podemos controlar, pero que no pierda de vista el objetivo

145 Cabral, «National Liberation and Culture».

final de transformar el modo en que esas interacciones se producen. Es decir, reconstruir la sociedad en su conjunto, no solo nuestras dinámicas. Este enfoque permite articular una política verdaderamente *constructiva*.

Una política constructiva se orienta hacia objetivos concretos o resultados finales, en lugar de limitarse a evitar nuestra «complicidad» con una serie de injusticias que damos por hecho que van a persistir pese a todo. Si lo que nos interesa es la epistemología, una política constructiva se centra en desarrollar instituciones y prácticas de recopilación de información y generación de conocimiento que sean estratégicamente útiles para cuestionar las injusticias sociales en sí mismas, no solo los síntomas que se manifiestan en el espacio que ocupamos en un momento dado.

En términos más amplios, una política constructiva es aquella que se involucra directamente en la redistribución del poder y de los recursos sociales, y deja de lado los objetivos intermedios que se limitan al ámbito de lo simbólico.

Se trata, sí, de un enfoque enormemente exigente. Implica ir a contracorriente, asumir responsabilidades y actuar con receptividad y empatía hacia quienes aún no han accedido al espacio en el que nos encontramos nosotros. Significa construir espacios nuevos, donde podamos sentarnos juntos, en lugar de limitarnos a transitar cómodamente por los que la historia nos ha legado.

Reconstruir el mundo es una tarea ardua, y es la política constructiva —no la deferente— la que reúne las condiciones necesarias para emprenderla con esperanza y eficacia.

# 4. Reconstruir la casa común

La resistencia consiste en esto: en destruir algo para construir otra cosa. Eso es la resistencia. ¿Qué queremos destruir en nuestra tierra? La dominación colonial impuesta por el ejército portugués. ¿Es suficiente con eso? No: al mismo tiempo, rechazamos cualquier otra forma de dominación colonial o extranjera en nuestra tierra. Queremos que nuestro pueblo sea el dueño de su propio destino, a través de sus descendientes, en Guinea y Cabo Verde. Este es nuestro principal objetivo.

**Amílcar Cabral,** *Análise de alguns tipos de resistência*[146]

La infancia de Paulo Freire estuvo marcada por el hambre, pero podría haber sido peor. Freire nació en Recife, Brasil, en 1921; un lugar que más tarde describiría como «el epicentro de uno de los contextos más extremos de pobreza y subdesarrollo del Tercer Mundo».[147] Los Freire eran una familia de clase media cuya seguridad económica se vio profundamente afectada por las

---

146 Amílcar Cabral, *Análise de alguns tipos de resistência*, Edição Do PAIGC (Bolama: Guiné-Bissau Imprensa Nacional, 1979), traducción personal, disponible en http://www.cd25a.uc.pt/media/pdf/Biblioteca%20digital/Nreg%200715_%20Amilcar%20Cabral_Analise%20se%20alguns%20tipos%20de%20resistencia.pdf.
147 Paulo Freire, *Pedagogy of the Oppressed: 30th Anniversary*, M. B. Ramos, trad. (Nueva York: Continuum, 1970), 30 [*Pedagogía del oprimido,* trad. Jorge Mellado (Madrid: Siglo XXI, 2023)].

excepcionales circunstancias de la Gran Depresión.[148] En esas condiciones, Paulo y sus hermanos crecieron como una suerte de «eslabones» entre las clases acomodadas y los sectores más empobrecidos.

Sin embargo, el hambre que compartía con los niños de la «periferia pobre de la ciudad» no bastaba para asimilarlo del todo a ellos: sus hermanos y él seguían siendo «personas de otro mundo que cayeron accidentalmente en el de la pobreza».[149] Aunque el hambre golpeó a la familia «sin previo aviso ni autorización y se instaló con ellos sin una fecha clara para marcharse», el suyo era un hogar con un piano en el salón y a cuyo frente se encontraba un hombre que llevaba corbata al trabajo; dos símbolos de estatus a los que Freire se aferró desesperadamente.

Tal vez por eso, el hambre llegó y se fue de la familia Freire antes de que ocasionase las devastadoras consecuencias que sufrieron millones de brasileños de clase trabajadora en ese «otro mundo» al que Paulo y sus hermanos tuvieron ocasión de asomarse. Muchos de sus amigos de la infancia tenían las piernas, los brazos y los dedos escuálidos y frágiles, los ojos hundidos en las cuencas: señales de una malnutrición crónica, de un hambre que lo pone todo patas arriba.

Aun así, Paulo nunca pudo olvidar aquella experiencia. Durante los seis años que pasó en el exilio —tras huir de la dictadura militar que se instauró en Brasil en 1964 mediante un golpe de Estado con apoyo estadounidense—, Freire se dedicó a dar forma a esos recuerdos para escribir

---

148 Paulo Freire, *Letters to Cristina* (Londres: Routledge, 2016), 21 [*Cartas a Cristina,* trad. Stella Mastrángelo (México: Siglo XXI, 1996)].
149 Freire, *Letters to Cristina*, 21.

su obra más célebre e influyente: *Pedagogía del oprimido.*[150] En el libro se presentan varias ideas clave, entre ellas una crítica al modelo bancario de la educación, según el cual los profesores consideran a los alumnos pobres unos recipientes pasivos que deben llenarse con la información que ellos, como docentes, poseen.[151]

Este modelo, que perpetúa papeles y relaciones aparentemente inmutables —como la del profesor activo y el alumno receptivo—, es un obstáculo que debe superarse. Tanto en la educación de niños como de adultos, el modelo bancario busca formar «autómatas» incapaces de pensar o actuar de manera independiente e impide el desarrollo de la *conscientização* [conciencia crítica]: esa relación recíproca y humanizadora entre personas de entornos «oprimidos» y «opresores» que solo puede surgir de una educación verdaderamente liberadora.[152]

La *conscientização* busca lo contrario que la apropiación de las élites. Aunque ambos enfoques conectan a las élites con el resto de la sociedad, la apropiación perpetúa y explota esa división al reclutar a las mayorías para ponerlas al servicio de los intereses de unos pocos. Por el contrario, la *conscientização* persigue un proyecto político de liberación mutua, orientado a eliminar por completo la distinción entre élites y mayorías.

Este enfoque liberador de la educación, según Paulo, debe comenzar por reconocer que tanto alumnos como

150 Freire, *Pedagogy of the Oppressed*, 35; Anthony W. Pereira, «The US Role in the 1964 Coup in Brazil: A Reassessment», *Bulletin of Latin American Research* 37, n.º 1 (2018): 5-17.
151 Freire, capítulo 2 de *Pedagogy of the Oppressed*, 71-86.
152 Freire, *Pedagogy of the Oppressed*, 74-76.

profesores pueden aportar conocimientos en cualquier situación y en cualquier nivel educativo. Pero no se detiene ahí: su objetivo final es transformar las relaciones sociales que convierten a los individuos en «engranajes de la maquinaria» de otros; es decir, transformar la propia sociedad. Y así fue como Paulo se puso manos a la obra, comenzando por los espacios a los que tenía acceso y donde podía ejercer mayor influencia: las aulas.

### Reconstruir la casa: Lilica, Paulo y el PAIGC

La historia del sistema político global —la gran casa en la que ocupamos ciertos espacios— comienza con las exploraciones y conquistas del Imperio portugués. En el capítulo anterior vimos cómo Lilica Boal protagonizó una audaz fuga del aula en la que se encontraba. La lucha a la que se unió fue, precisamente, contra ese Imperio portugués.

Mucho antes de que Cristóbal Colón zarpara bajo bandera española en 1492 —el mismo año en que las potencias cristianas completaron la llamada Reconquista con la expulsión de la última dinastía musulmana de la península ibérica—, Portugal llevaba ya tiempo tejiendo el entramado colonial y las redes comerciales que darían lugar al mercado transatlántico de esclavos y, en última instancia, a la economía global moderna.[153]

---

153 Francisco J. Beltrán Tapia *et al.*, «A Brief History of the Reconquista (718-1492 AD): Conquest, Repopulation and Land Distribution», *Documentos de Trabajo de la Sociedad Española de Historia Agraria*, 2004.

Los exploradores portugueses navegaron por la costa occidental de África durante buena parte del siglo xv y proclamaron el derecho exclusivo de Portugal a disfrutar de los «territorios que descubrían». Armado y enriquecido por las conquistas imperiales en Asia, África y América —y por los recursos que le proporcionaba el comercio de metales preciosos y de personas—, Portugal se convirtió en la primera superpotencia moderna y, durante un tiempo, en el país más rico de Europa.[154]

Dos de esos «descubrimientos» fueron los actuales países de Guinea-Bissau y de Cabo Verde. Los exploradores portugueses desembarcaron en Guinea-Bissau en 1446 y, una década después, en el cercano archipiélago de Cabo Verde. En aquel entonces, Guinea-Bissau formaba parte del reino mandinka de Kaabu, cuyos *mansas* [gobernantes] controlaban un importante nodo transahariano para el comercio de oro, marfil y esclavos y, gracias al poder que esa actividad les había permitido amasar, dominaban amplias zonas de África occidental.[155]

Los prisioneros de las guerras de Kaabu comenzaron a ser vendidos dentro de una nueva red de trata de personas que, en tamaño, escala y profundidad de la explotación, superaría con creces a la red africana preexistente: la trata transatlántica de esclavos, que proporcionaba

---

154 Peter Karibe Mendy, *Amílcar Cabral: A Nationalist and Pan-Africanist Revolutionary* (Athens: Ohio University Press, 2019), 24-28, 37.
155 Peter Karibe Mendy, «Portugal's Civilizing Mission in Colonial Guinea-Bissau: Rhetoric and Reality», *International Journal of African Historical Studies* 36, n.º 1 (2003): 35-58.

mano de obra para los proyectos coloniales que las naciones europeas habían puesto en marcha.[156]

La mayoría de esas colonias, especialmente en los primeros siglos de la expansión, se encontraba en América. Cabo Verde fue una excepción. El archipiélago, estratégicamente situado frente a la costa occidental de África y prácticamente deshabitado cuando fue descubierto, congregó posteriormente a una población formada casi exclusivamente por colonos portugueses y africanos esclavizados. El enclave sirvió también como centro neurálgico para la conquista de gran parte de África occidental, incluida Guinea-Bissau, donde los caboverdianos con frecuencia ocuparon puestos intermedios tanto en el comercio de esclavos como en la administración colonial.

Cuando Lilica nació, bien entrado el siglo XX, los países europeos ya habían utilizado la riqueza y el poder acumulados mediante la trata de esclavos y otros proyectos coloniales para establecer un dominio formal sobre la mayor parte del continente africano, incluidos Cabo Verde y Guinea-Bissau (que por aquel entonces se llamaba Guinea Portuguesa). Portugal llevaba ya varios siglos ejerciendo su control colonial con la misma insensibilidad e indiferencia hacia el sufrimiento humano que caracterizó la trata de esclavos, facilitada por las propias islas.

En respuesta a una de las numerosas sequías que asolaron Cabo Verde en los siglos previos al auge del movimiento independentista, los funcionarios coloniales en Londres ofrecieron la siguiente réplica a un abogado caboverdiano que protestó por la inacción de la metrópoli:

---

156 Mendy, *Amílcar Cabral*, 24-28.

«El Gobierno no es culpable de que en Cabo Verde no haya llovido lo suficiente».[157] Es muy probable que la infancia de Lilica no fuera muy distinta de la de sus padres o abuelos.

El ejército portugués sofocaba cualquier atisbo de resistencia mediante «campañas de pacificación» brutales, dirigidas a aterrorizar a quienes no habían sido ya acallados por las hambrunas y la precariedad.[158] Esta política represiva se intensificó aún más tras la disolución de la república democrática portuguesa en 1926 y la instauración de un régimen fascista, conocido como Estado Novo, a cuyo frente se encontraba el autócrata António Salazar, de tendencia corporativista.[159]

En 1960 surgió una organización para desafiar al Estado Novo en Cabo Verde y la vecina Guinea-Bissau: el Partido Africano para la Independencia de Guinea y Cabo Verde (PAIGC). Durante tres años, esta nueva fuerza intentó negociar con el Gobierno portugués mediante una estrategia basada en manifestaciones, protestas callejeras y huelgas de trabajadores. Sin embargo, las autoridades respondieron a la actividad no violenta del PAIGC con una crueldad desmedida. El episodio culminante fue la masacre de cincuenta estibadores que participaban en una huelga pacífica en el puerto de Pidjiguiti.[160] Tras esa matanza, el grupo inició una campaña de

---

157 Mendy, *Amílcar Cabral*, 29.
158 Mendy, *Amílcar Cabral*, 33.
159 Luís Reis Torgal, «Estado, ideologia e história de Portugal», *Revista de História* 8 (1988): 345-55.
160 Stephanie Urdang, «Fighting Two Colonialisms: The Women's Struggle in Guinea-Bissau», *African Studies Review* 18, n.º 3 (1975): 29.

acciones armadas para oponerse al dominio portugués. Lilica abandonó sus estudios para unirse a esta lucha, que culminó con la independencia de Guinea-Bissau en 1973 y de Cabo Verde en 1974.[161]

Varios factores contribuyeron al éxito de la campaña orquestada por el PAIGC, que operaba en múltiples frentes. Entre ellos destaca la oleada de movimientos independentistas africanos y asiáticos que surgieron tras la Segunda Guerra Mundial, —impulsada por la independencia de Ghana en 1957—, así como las redes de ayuda mutua y solidaridad que contribuyeron a crear unos lazos muy estrechos entre algunos de ellos, sobre todo en los países que luchaban contra la dominación portuguesa, como Angola y Mozambique.

La historiadora Sónia Vaz Borges destaca un aspecto de la actividad revolucionaria del PAIGC que con frecuencia ha pasado desapercibido: sus prácticas militantes de educación y concienciación.[162] Tanto Cabo Verde como Guinea-Bissau habían heredado un sistema educativo diseñado por las autoridades portuguesas para crear una élite de «africanos asimilados» capaz de gestionar el proyecto colonial y para convertir a los africanos «indígenas» no asimilados en mano de obra servil.[163] Los militantes del PAIGC desarrollaron, por el contrario, un programa educativo orientado a contrarrestar los males del sistema

---

161 Sónia Vaz Borges, *Militant Education, Liberation Struggle, Consciousness: The PAIGC Education in Guinea-Bissau 1963-1978* (Berlín: Peter Lang, 2019).

162 Vaz Borges, «The PAIGC's Freedom Fighter. The Process of Becoming Conscious and a Militant (1940's-1972)», *Militant Education*, 23-53.

163 Vaz Borges, *Militant Education*, 25.

portugués, promovieron la autodeterminación y fortalecieron la resistencia frente al dominio colonial.

La lucha militar del PAIGC incluía una batalla integral en el «frente educativo», que —según el militante guineano Agnelo Regala— se consideraba «tan importante» como todos los demás porque «no vale la pena […] liberar la tierra si no estamos preparados para asumir las responsabilidades que conlleva la independencia».[164] En este contexto, la alfabetización más básica y la educación política no solo eran herramientas prácticas, sino una preparación esencial para todos los aspectos de la lucha por la autodeterminación.[165]

Mediante entrevistas con militantes aún vivos del PAIGC e investigaciones de archivo, la historiadora Sónia Vaz Borges muestra cómo el movimiento se las arregló para superar considerables obstáculos cotidianos. La organización consiguió crear y distribuir un periódico, a pesar de que los bajos índices de alfabetización entre la población adulta dificultaban considerablemente el proyecto. Al mismo tiempo, la escolarización infantil entorpeció la incorporación de los niños como mano de obra en las granjas familiares y, por lo tanto, puso en riesgo el sustento de los hogares que se dedicaban a la agricultura de subsistencia. Como consecuencia en parte de esta política, algunas zonas del país se opusieron a la incorporación de las niñas al sistema educativo, una cuestión que los miembros del PAIGC consideraban esencial. A todo ello se sumaba la preocupación constante por la seguridad y la escasez de

---

164 Vaz Borges, *Militant Education*, 119.
165 Vaz Borges, *Militant Education*, 126.

recursos, que se vio agravada por la lucha armada contra el ejército portugués y representaba un desafío permanente. El sistema educativo laico impulsado por el PAIGC también generó tensiones, ya que amenazaba con alterar el equilibrio de poder que se había conseguido alcanzar entre los portugueses, el sistema educativo cristiano y el que promovían las comunidades musulmanas y animistas del país.[166]

El PAIGC superó estos retos forjando con mucha inteligencia algunas alianzas estratégicas. Una de las más significativas fue la que se estableció con la recién creada Organización para la Unidad Africana, cuyo Comité de Liberación canalizaba ayuda material y militar a numerosos movimientos anticoloniales del continente. Además, el PAIGC recibió un importante respaldo de la Unión Soviética y de la China posrevolucionaria, que proporcionaron armamento y formación militar. Cuba fue más lejos incluso y, además de suministrar comida y uniformes, llegó a desplegar tropas en Guinea-Bissau: un gesto sin precedentes entre las naciones que apoyaron la causa durante el conflicto de independencia.[167]

---

166 Vaz Borges, «Building and Organizing Educational Structures in Guinea Bissau (1963-1972)», *Militant Education*, 53-98.

167 R. A. Akindele, «Africa and the Great Powers, with Particular Reference to the United States, the Soviet Union and China», *Africa Spectrum*, 1985, 125-51; Julião Soares Sousa, «Amílcar Cabral, the PAIGC and the Relations with China at the Time of the Sino-Soviet Split and of Anti-colonialism: Discourses and Praxis», *International History Review* 42, n.º 6 (2020): 1274-96; Catarina Laranjeiro, «The Cuban Revolution and the Liberation Struggle in Guinea-Bissau: Images, Imaginings, Expectations and Experiences», *International History Review* 42, n.º 6 (2020): 1319-38.

Ahmed Sékou Touré, presidente de Guinea —el recién independizado vecino de Guinea-Bissau—, cedió unas instalaciones para un proyecto piloto de internado. El PAIGC construyó la Escola Piloto con recursos procedentes de la Cruz Roja y de un alto funcionario de las Naciones Unidas que al parecer simpatizaba con la lucha de liberación. Lilica Boal fue nombrada directora del centro.

Frente a esta coalición se alzaba otra, alineada con el Estado fascista portugués. Portugal, miembro de la OTAN, bombardeó Guinea-Bissau con el apoyo de decenas de aviones de transporte y bombarderos proporcionados por Gran Bretaña, Francia, Alemania, Estados Unidos y la empresa estadounidense Lockheed (actual Lockheed Martin).[168]

La Escola Piloto acogía a los hijos de militantes del PAIGC y a los niños que se habían quedado huérfanos a causa de los bombardeos y de los ataques de la infantería portuguesa. Allí, Lilica y sus compañeros impartían clases con la ayuda de un notable apoyo internacional: utilizaban materiales impresos en Suecia y financiados parcialmente por el Partido Socialdemócrata sueco, alimentaban a los niños con ayuda donada por Cuba —cuyo Gobierno también envió médicos para prestar asistencia sanitaria— y mantenían un laboratorio escolar que se financiaba con recursos procedentes del extranjero.[169]

---

168 Suzanne Lipinska, «Two Weeks With the Guinea-Bissau Liberation Army», en *Cinéma Chez Les Balantes*, trad. Caroline Higgitt (Gante: KIOSK, 2014), 40.

169 Vaz Borges, *Militant Education*, 125; Lilica Boal, «Mulheres de abril: testemunho de Lilica Boal», *Esquerda*, 24 de noviembre de 2019, https://www.esquerda.net/artigo/mulheres-de-abril-testemunho-de-lilica-boal/64575.

Según relata Vaz Borges, el PAIGC no se limitó a crear nuevas escuelas infantiles. Complementaron sus periódicos, dirigidos tanto a los jóvenes como a los mayores, con círculos colectivos de lectura y debate que facilitaron especialmente la alfabetización de las personas adultas. Para que la educación primaria funcionase, el partido negoció con los ancianos de las aldeas; estableció un sistema para que los niños pudiesen compaginar la asistencia a las escuelas de la organización y a las religiosas, e incorporó los símbolos de las distintas fes a las tradiciones del movimiento.[170] Además, envió a un grupo de mujeres a la Unión Soviética para que se formasen como enfermeras y, cuando estas regresaron, mandó a una nueva promoción. Para adaptarse a las condiciones de un país dominado por la agricultura de subsistencia, el calendario escolar se ajustó al agrícola.[171]

La participación plena de las mujeres en la lucha por la liberación fue, desde el inicio, un objetivo explícito del PAIGC que se reflejó tanto en sus prácticas como en sus reglamentos organizativos. Por ejemplo, el partido estableció que cada consejo de aldea elegido en las zonas liberadas debía incluir al menos a dos mujeres entre sus cinco miembros.[172] Según la investigadora Stephanie Urdang, en tan solo una década —desde que los primeros organizadores y dirigentes del PAIGC iniciaron los debates de concienciación en el campo, allá por 1959—, el partido pasó de celebrar reuniones con escasa participación femenina a alcanzar una paridad *de facto* entre

---

170 Vaz Borges, *Militant Education*, 66.
171 Vaz Borges, *Militant Education*, 62-65.
172 Urdang, «Fighting Two Colonialisms», 30.

hombres y mujeres.[173] Además, el brazo armado del partido incluía una milicia femenina, de la cual surgieron muchas de las futuras asesoras en materia de salud pública del partido.[174]

Cabo Verde y Guinea-Bissau consiguieron derrotar al Imperio portugués y conquistar en 1973 su independencia, que el Gobierno portugués reconoció finalmente en 1975, tan solo un año después de que un proceso revolucionario acabase con el régimen fascista del Estado Novo.

Con la independencia, el PAIGC se enfrentó a un nuevo desafío: pasar de la lucha armada a la construcción nacional. Tras asumir el poder en septiembre de 1973, el número de estudiantes en los programas del partido creció y llegó incluso a duplicarse. Sin embargo, en el pasado se había puesto tal énfasis en la lucha armada que el partido no contaba con profesores suficientes para afrontar la nueva etapa. Y carecía también de los recursos materiales necesarios para crear nuevos contenidos educativos o para formar rápidamente a los cuadros en el método pedagógico que habían desarrollado durante la batalla por la liberación. Por ello, Lilica Boal y sus camaradas optaron por aprovechar las estructuras educativas coloniales ya existentes para adaptarlas y «transformarlas de forma segura y garantista».[175]

El PAIGC recurrió a Paulo Freire y al Instituto de Acción Cultural (IDAC) que este había fundado, y del que formaba parte, para que colaborasen como asesores en la construcción del nuevo sistema educativo. Esta

173 Urdang, «Fighting Two Colonialisms», 30.
174 Lipinska, «Two Weeks with the Guinea-Bissau Liberation Army», 9.
175 Vaz Borges, *Militant Education*, 163.

alianza fue posible, en parte, por las similitudes entre el enfoque pedagógico que el PAIGC había desarrollado durante la lucha por la liberación —gracias, en buena medida, a la labor pionera de los militantes de la Escuela Piloto— y la teoría educativa elaborada por Freire antes de su exilio de Brasil.[176]

Pese a los esfuerzos, el desenlace distó mucho de ser ideal. La guerra contra Portugal había devastado gran parte de la infraestructura de Guinea-Bissau y había reducido la superficie cultivable a menos de un tercio de los niveles anteriores al conflicto. Ello se debió, en parte, a los intensos bombardeos que el ejército portugués llevó a cabo y al desplazamiento forzoso de los aldeanos que no quisieron o no pudieron alinearse con el PAIGC y que fueron confinados en pequeñas parcelas densamente pobladas cuyo suelo se agotó con una rapidez alarmante.[177]

Además, la crisis económica de Guinea-Bissau agudizó las divisiones sociales preexistentes: entre el partido y los líderes tradicionales; entre las zonas urbanas del país y las rurales; entre los distintos grupos étnicos, y —quizá de forma más significativa— entre los guineanos y los caboverdianos. Estos últimos a menudo eran intelectuales urbanos con intereses muy distintos a los del campesinado —que se llevó la peor parte en la guerra porque la mayoría de los combates se libraron en territorio guineano—, y muchos creían que acaparaban demasiados cargos de

---

176 Vaz Borges, *Militant Education*, 164-66.
177 Marina Padrão Temudo y Manuel Bivar Abrantes, «Changing Policies, Shifting Livelihoods: The Fate of Agriculture in Guinea-Bissau», *Journal of Agrarian Change* 13, n.º 4 (2013): 575.

responsabilidad en el PAIGC.[178] Persistía, asimismo, un resentimiento latente hacia los caboverdianos tanto por el trato preferente que históricamente habían recibido las islas bajo dominio portugués como por su papel como mandos intermedios en el sistema colonial.[179]

Estas tensiones culminaron en 1980 en un golpe de Estado que derrocó al ala caboverdiana del PAIGC, cuyos miembros crearon el Partido Africano para la Independencia de Cabo Verde (PAICV), actor político de peso en el país insular hasta el día de hoy. Desde entonces, Guinea-Bissau ha sufrido una serie de golpes y contragolpes, con facciones enfrentadas por el poder dentro y en torno al PAIGC, lo que ha derivado en una creciente concentración de poder en manos de las élites del partido, incluidas aquellas provenientes del antiguo movimiento de liberación.[180] El historiador guineano Julião Soares Sousa lamenta lo que en su opinión son consecuencias de la «dolorosa historia reciente» del país: el estigma de las luchas por el poder, la desconfianza ciudadana en el sistema político y en el partido gobernante, la inacción de las élites ante los problemas más acuciantes y, como

---

178 António Tomás, *Amílcar Cabral: The Life of a Reluctant Nationalist* (Londres: Hurst & Co., 2021), 127.

179 Maria do Carmo Rebouças da Cruz y Ferreira dos Santos, «A Recolonização de Guiné-Bissau por meio das representações negativas realizadas pelos organismos internacionais de desenvolvimento: De "Estado Frágil" a "Narco-Estado"», *Desenvolvimento Em Questão* 17, n.º 47 (2019): 156-78; Tomás, *Amílcar Cabral*.

180 Thomas C. Bruneau, «The Guinea-Bissau Case», en *Security Forces in African States*, Paula Shmella y Nicholas Tomb, ed. (Amherst, NY: Cambria Press, 2017).

telón de fondo, una profunda distorsión de los valores sociales y políticos.[181]

El aumento de la vigilancia policial del narcotráfico en América Latina agravó aún más la situación, al convertir a Guinea-Bissau en un nodo clave del comercio global de drogas ilegales, especialmente de cocaína. Al igual que su posición estratégica en la costa occidental de África hizo de Cabo Verde y Guinea-Bissau enclaves fundamentales durante el comercio transatlántico de esclavos, los narcotraficantes comenzaron a utilizar Guinea-Bissau como plataforma de tránsito para la cocaína procedente de Venezuela y Colombia con destino al lucrativo mercado europeo. Algunos medios internacionales llegaron a calificar al país como «el primer narcoestado de África» y sugirieron que hasta una cuarta parte de la cocaína mundial pasaba por esta pequeña nación, si bien la literatura especializada matiza las cifras.[182] Ciertas tendencias recientes, como el hecho de que se haya alcanzado un «máximo histórico» en el consumo mundial de cocaína, han llevado a algunos analistas a advertir de que los narcotraficantes podrían estar explorando rutas similares para ampliar su actividad en Cabo Verde.[183]

---

181 Julião Soares Sousa, «Prefácio», en *Por uma reinvenção da governabilidade e do equilíbrio de poder na Guiné-Bissau: Diálogos e olhares cruzado a partir da diáspora* (Middletown, CT: autoeditado, 2014), 3-4.

182 Mark Shaw, «Drug Trafficking in Guinea-Bissau, 1998-2014: The Evolution of an Elite Protection Network», *Journal of Modern African Studies* 53, n.º 3 (2015): 339-64; Emmanuel Uzuegbu-Wilson, «A Critical Review of Evolutionary Trends of Drug Trafficking in Guinea-Bissau», *Social Science Research Network*, 2019.

183 «Is Cape Verde Doomed to Become a Narco-State?», *ENACT Africa*, 4 de junio de 2019, https://enactafrica.org/enact-observer/iscape-verde-doomed-to-become-a-narco-state; Colin Freeman, «The

Más allá de las nuevas banderas y los nuevos himnos nacionales, los avances que se han logrado son significativos. Incluso Guinea-Bissau, una nación a la que a menudo se tacha de «Estado fallido» o incluso de «narcoestado», ha experimentado ciertas mejoras.[184] Una de las más relevantes se produjo en el ámbito educativo: tras la independencia, la tasa de alfabetización en el país aumentó de forma drástica, pasando de un 2 % a un 60 % entre los jóvenes de quince a veinticuatro años.[185]

En las décadas que han transcurrido desde la independencia, Cabo Verde multiplicó por diez su renta nacional y pasó de ser uno de los países más pobres del mundo a tener una «renta media» y una de las economías más estables del continente africano.[186] El énfasis del PAIGC en el poder comunitario y en la toma de decisiones colectiva ha perdurado en el tiempo y ha resistido muy bien el embate de las derivas autocráticas que marcaron otros procesos revolucionarios. Algunos observadores extranjeros han llegado incluso a definir a

Cocaine Highway: On the Front Line of Europe's Drug War», *Telegraph*, 3 de noviembre de 2019, https://www.telegraph.co.uk/news/drug-trafficking-in-cape-verde/.

184 Ashley Neese Bybee, *Narco State or Failed State? Narcotics and Politics in Guinea-Bissau* (Fairfax, VA: George Mason University Press, 2011); Sonia Pires, «Guinea-Bissau Immigrant Transnationalism in Portugal: A Substitute for a Failed State?», *African and Black Diaspora: An International Journal* 6, n.º 2 (2013): 145-73.

185 «Guinea-Bissau», UNESCO, 27 de noviembre de 2016, http://uis.unesco.org/en/country/gw; Bruneau, «The Guinea-Bissau Case».

186 African Development Bank, «Cape Verde: A Success Story», noviembre de 2012, https://www.afdb.org/sites/default/files/documents/projects-and-operations/cape_verde_-_a_success_story.pdf.

Cabo Verde como la «excepción africana» y «la nación más democrática de África».[187]

La lucha revolucionaria no liberó solo a Cabo Verde y a Guinea-Bissau: también a Portugal. Lilica Boal recuerda cómo Amílcar Cabral, líder del PAIGC, insistía en que su batalla principal era contra el colonialismo como sistema, no contra el pueblo portugués.[188] Este compromiso se tradujo en hechos concretos: la militante blanca Carmen Pereira fue una destacada comisaria política del partido.[189] En una conversación con la periodista Suzanne Lipinska, Pereira expuso con claridad su visión sobre la política identitaria: «Hay blancos que nos oprimen y otros que nos ayudan».[190] En un discurso radiofónico de 1969 titulado «Mensaje al pueblo de Portugal», Cabral reiteró esta idea y declaró con rotundidad que el PAIGC estaba al lado del pueblo portugués en su lucha contra el régimen del Estado Novo.[191]

Aunque se trataba, desde luego, de una hábil estrategia de propaganda bélica, el mensaje iba mucho más allá. El PAIGC trató a los prisioneros de guerra portugueses con notable indulgencia y con frecuencia los liberaba para

187 Peter Meyns, «Cape Verde: An African Exception», *Journal of Democracy* 13, n.º 3 (2002): 153-65; Bruce Baker, «Cape Verde: The Most Democratic Nation in Africa?», *Journal of Modern African Studies*, 2006, 493-511.

188 Boal, «Mulheres de abril».

189 António Tomás, *Amílcar Cabral: The Life of a Reluctant Nationalist* (Londres: Hurst & Co., 2021), 137; Lipinska, «Two Weeks With the Guinea-Bissau Liberation Army», 2.

190 Lipinska, «Two Weeks With the Guinea-Bissau Liberation Army», 17.

191 Amílcar Cabral y Richard Handyside, «Message to the People of Portugal» (Khartoum, 1969), disponible en https://www.marxists.org/subject/africa/cabral/1969/mpp.htm.

demostrar con hechos la diferencia entre su forma de actuar y la del ejército portugués, que a menudo ejecutaba sumariamente a los prisioneros del PAIGC.[192] Cabral, como muchos de sus compañeros procedentes de las colonias africanas de Portugal, entre ellos Lilica, se formó en Lisboa, donde se convirtió en un miembro destacado de los círculos antifascistas. Allí llevó a cabo acciones arriesgadas contra el régimen del Estado Novo junto a algunos compañeros negros, como el angoleño Agostinho Neto, y otros blancos, como Mário Soares, futuro líder del Partido Socialista Portugués y presidente del Portugal posfascista.[193] Según Reiland Rabaka, especialista en estudios étnicos, el pensamiento de Cabral puede describirse como una «teoría global e histórica»: reconocía el imperialismo como una estructura de alcance planetario, y entendía que para combatirlo no solo era necesario transformar las condiciones locales de Cabo Verde y Guinea-Bissau, sino también la propia estructura política global.[194]

El enfoque del líder anticolonial demostraría ser mucho más que un mero gesto simbólico de solidaridad con sus camaradas. Las guerras coloniales en Guinea-Bissau, Angola y Mozambique socavaron de forma constante el apoyo al régimen del Estado Novo entre las élites capitalistas y clericales.[195] Cuatro años después del discurso de Cabral, algunos oficiales del Ejército portugués que

---

192 Lipinska, «Two Weeks With the Guinea-Bissau Liberation Army», 42.

193 Mendy, *Amílcar Cabral*, 64-65.

194 Reiland Rabaka, «Cabral's Critical Theory of Colonialism, Neocolonialism, and Imperialism», capítulo 3 de *Concepts of Cabralism: Amilcar Cabral and Africana Critical Theory* (Lexington Books, 2014), 151-82.

195 José Javier Olivas Osuna, «The Deep Roots of the Carnation Revolution: 150 Years of Military Interventionism in Portugal», *Portuguese Journal of Social Science* 13, n.º 2 (2014): 224.

militaban en la izquierda comenzaron a reunirse en secreto para desafiar al régimen; muchos de ellos conspiraron desde Guinea-Bissau, donde las fuerzas portuguesas se enfrentaban seriamente a la posibilidad de una derrota.[196] Estos oficiales formaron el Movimiento de las Fuerzas Armadas (MFA), que derrocó al Estado Novo por no acceder a sus principales demandas, conocidas como las «tres des»: democracia, desarrollo y descolonización.[197] Su toma del poder en 1974, que al menos en Portugal fue incruenta, recibió el nombre de Revolución de los Claveles en referencia a las flores que la ciudadanía, exultante, entregó a los soldados como símbolo de celebración.[198] Aunque esta revolución se presenta a menudo como el catalizador de la descolonización, el sociólogo António Tomás sostiene que ocurrió exactamente al revés: fueron las luchas revolucionarias del PAIGC y de sus aliados las que precipitaron la descolonización parcial de Portugal.[199]

## Lo hemos logrado

El PAIGC emprendió una lucha plagada de dificultades, pero las victorias que logró transformaron la vida de muchas personas. No consiguieron derribar ni destruir por

196 António Tomás, «Introduction: Decolonising the "Undecolonisable"? Portugal and the Independence of Lusophone Africa», *Social Dynamics* 42, n.º 1 (2 de enero de 2016): 3, https://doi.org/10.1080/025339 52.2016.1164956.

197 Osuna, «Deep Roots of the Carnation Revolution», 225.

198 Raquel Varela, «Today, We Celebrate the Carnation Revolution», entrevista de David Broder, *Jacobin*, 25 de abril de 2019, https://jacobinmag.com/2019/04/portugal-carnation-revolution-national-liberation-april.

199 Tomás, «Decolonising the "Undecolonisable"?».

completo las barreras que la historia había levantado, pero superaron muchas de ellas con firmeza y determinación.

Los capítulos 2 y 3 ofrecían un panorama desalentador. La estructura social no solo configura los entornos en los que interactuamos, moldeando mundos que favorecen los intereses de las élites, sino que también puede distorsionar nuestros esfuerzos por resistir esa dominación. Algunas de las acciones que emprendemos para oponernos a las jerarquías opresivas terminan, paradójicamente, reforzando esas mismas jerarquías. No es, precisamente, un mensaje esperanzador.

Pero no todo está perdido. Como vimos en el debate sobre la fábula del traje imaginario del emperador, las estructuras de poder influyen incluso en nuestras interacciones más cotidianas. Sin embargo, la conclusión de esa historia es igualmente crucial: un niño pequeño señala al emperador y se ríe, rompiendo las reglas, desafiando un contexto represivo e intimidante. El hechizo de la jerarquía estructural se desmorona, y por fin todos pueden expresar lo que llevaban tiempo pensando: «¡El emperador no tiene ropa!».

Hay un sentido claro en el que las estructuras sociales organizan nuestras interacciones: construyen el mundo en el que estas tienen lugar. Esto incluye las *facilidades*, es decir, los aspectos del entorno social que posibilitan ciertas acciones. Si quieres que algo sea fácil de transportar, ponle un asa; si no quieres que la gente camine por la calzada, construye una acera y pinta un paso de peatones.

El mundo en el que actuamos también está lleno de incentivos: las zanahorias y los palos que moldean nuestras elecciones. En general, las personas tienden a realizar aquellas acciones que son recompensadas y a evitar aquellas que acarrean un castigo.

Pese a ello, los límites que constriñen la mera voluntad son más que evidentes. Las estructuras sociales imponen restricciones severas a causa de las cuales ciertas acciones pueden resultar no solo indeseables o impopulares, sino literalmente imposibles. Por ejemplo, no se puede *descolonizar* el plan de estudios de una escuela que nunca fue construida. O por decirlo de forma más cruda: una persona no puede organizarse contra su Gobierno si ha caído misteriosamente de un helicóptero o ha sido encarcelada en algún lugar oscuro.

Existen otras formas de coacción igualmente eficaces: el terror infligido a los familiares de quienes son arrojados desde helicópteros o la presencia física constante del supervisor o director que nos vigila. Como señaló Noam Chomsky en *Media Control* [El control de los medios]: «En lo que hoy se llama un Estado totalitario, o un Estado militar, todo resulta sencillo. Solo tienes que sostener un garrote sobre sus cabezas, y si se salen de la línea, los golpeas».[200]

Pero claro: estas formas tan contundentes de represión suelen implicar intervenciones costosas. Requieren mayor atención y recursos, y con frecuencia dan pie a represalias serias, que las élites no están dispuestas a afrontar.

Por eso, la mayoría de las estructuras sociales recurren a mecanismos de supervisión más sutiles para controlar nuestra vida en común. Crean facilidades que inducen a las personas a comportarse según los intereses de las élites, haciendo más accesibles las acciones que respaldan

---

200 Noam Chomsky, *Media Control: The Spectacular Achievements of Propaganda*, segunda ed. (Nueva York: Seven Stories Press, 2002), 20.

el sistema y más arduas aquellas que lo cuestionan. Así se mantiene un modelo de recompensas y castigos profundamente desequilibrado y cuya finalidad es la conservación del propio sistema.

Una táctica clásica para tergiversar de esta manera la información es, por supuesto, la lógica de la propaganda y de la desinformación. Conviene recordar que nuestro entorno informativo —nuestros «sistemas de educación», como los denominaba Carter G. Woodson— no se orienta tanto a adoctrinar de forma explícita como a facilitar el uso y la difusión de aquellos datos que contribuyen a preservar el sistema, dificultando al mismo tiempo el acceso a la información que podría alterarlo.

La desinformación y la propaganda casi siempre se las arreglan para engañar, distraer y tergiversar, pero no tiene por qué ser así. Lo políticamente relevante es el efecto que estos esfuerzos generan en términos de lo que las personas hacen o dejan de hacer. Como hemos visto, hay razones que van mucho más allá de la mera complacencia para que alguien elogie al emperador o evite burlarse de él.

Algunos aspectos de la vigilancia social están diseñados para influir directamente en las decisiones de las personas sin alterar necesariamente lo que piensan o creen. Por ejemplo, diversos grupos de activistas —como el Debt Collective o el Movement for Black Lives—, así como algunos pensadores, como Fantu Cheru y Jeffrey Williams, han señalado desde hace tiempo la función disciplinaria que cumplen las deudas estudiantiles, médicas o crediticias.[201] Cheru sostiene que la deuda externa obligó a los

---

201 «Economic Justice», The Movement for Black Lives, https://policy. m4bl.org/.

Gobiernos africanos posrevolucionarios a pactar con el Fondo Monetario Internacional, mientras que Williams muestra cómo el creciente endeudamiento estudiantil en Estados Unidos funciona como una nueva «forma de pedagogía» que aleja a los estudiantes de cualquier forma de protesta y los orienta hacia una dócil conformidad con el *statu quo*.[202]

Pero hay otra razón por la que toda esta construcción del mundo y su vigilancia no nos limita por completo. Los seres humanos tenemos un poder singular. A pesar de toda la programación social que nos rodea e influye, podemos actuar. Podemos, hasta cierto punto y por voluntad propia, desoír a las estructuras sociales y negarnos a hacer lo que nos dicen. Podemos caminar por la calzada en lugar de por la acera; podemos sujetar una bolsa con asas por la base. Podemos hacer aquello que se castiga; podemos elegir una recompensa menor en lugar de la mayor. Y lo que es aún más importante: podemos aceptar premios y castigos sin interiorizar las *lecciones* que las élites intentan imponernos.

Este tipo de acción, que rompe con lo esperado y quiebra lo previsible, es lo que hace el niño cuando señala al emperador y se ríe de él. Es también lo que hicieron Carter G. Woodson frente a la supremacía blanca; Lilica Boal y sus compañeros del PAIGC frente al colonialismo portugués, y Paulo Freire frente a las jerarquías del capitalismo racial brasileño y las lógicas geopolíticas de la Guerra Fría.

---

202 Fantu Cheru, «Democracy and People Power in Africa: Still Searching for the "Political Kingdom"», *Third World Quarterly* 33, n.º 2 (2012): 265-91; Jeffrey Williams, «The Pedagogy of Debt», *College Literature* 33, n.º 4 (2006): 155-69.

Inmensas estructuras e intereses profundamente arraigados dedican ingentes cantidades de tiempo, dinero y esfuerzo a convencernos de que no poseemos ese poder o de que sería mejor no ejercerlo. Y no resulta difícil entender por qué: porque tiene la capacidad de transformar rápidamente aquello que las estructuras sociales presentan como incuestionable.

Ese poder nuestro explica por qué los sistemas sociales —incluso los más complejos, como el actual capitalismo global— no son inmutables. Como ya vimos que ocurría en el caso del terreno común, la estructura de esos sistemas no es fija: es algo que está en nuestra mano cambiar y que, de hecho, modificamos con cierta regularidad. Podemos caminar por la calzada aunque existan aceras; podemos conducir por el lado contrario de la carretera; podemos incluso leer frases de derecha a izquierda. Ahora bien, como se deduce de estos ejemplos, desviarse del guion social establecido no suele reportar grandes beneficios. Con esfuerzo y reflexión, sin embargo, ese poder puede emplearse de forma mucho más constructiva: para compartir información que se consideraba confidencial, para bloquear el tráfico en señal de protesta y, lo que es aún más importante, para invitar a otras personas a sumarse a esas acciones.

Aunque estamos inmersos en un mundo que pretende estructurar cada una de nuestras acciones, la capacidad que tenemos para complejizar los sistemas en que vivimos forma parte —como señala la científica medioambiental y teórica de sistemas Donella Meadows— de la *autoorganización* inherente a esos mismos sistemas. Meadows destaca el papel de la educación en unos términos sorprendentemente similares a los que empleó Carter G.

Woodson hace casi un siglo: «Las condiciones y los discursos que fomentan la autoorganización a menudo pueden asustar a los individuos y resultar amenazadores para las estructuras de poder. En consecuencia, los sistemas educativos pueden restringir las facultades creativas de los niños en lugar de estimularlas».[203]

Los sistemas sociales humanos poseen la capacidad de autoorganización. Esta idea se refleja incluso en el uso del término *organización* para describir los esfuerzos que cuestionan los aspectos más opresivos de nuestra sociedad. Al organizarnos, solemos intentar construir un sistema más pequeño dentro del sistema general que sea lo bastante influyente para modificar el comportamiento del conjunto. Ese es el potencial de un movimiento de masas, de un partido obrero o de un movimiento de acción directa: hacer lo que está a nuestro alcance dentro de un espacio con el fin de desbordarlo.

En Cabo Verde y Guinea-Bissau, el PAIGC se enfrentó a numerosos obstáculos para alcanzar una forma de libertad que fuera mucho más allá de izar una bandera propia o nombrar a los ministros del Gobierno. Entre esos desafíos se encontraban algunas dinámicas internas —como las divisiones sociales— que podían gestionarse pero no erradicarse y ciertos problemas externos —como la escasez de recursos o el impacto del narcotráfico global— que estaban fuera de su control inmediato.

En nuestras formas y lógicas organizativas existen dos maneras fundamentales de afrontar las inevitables

---

203 Donella H. Meadows, *Thinking in Systems: A Primer* (Hartford, VT: Chelsea Green Publishing, 2008), 80.

limitaciones de la lucha política. La primera consiste en ajustar nuestros fines y prioridades para centrarnos en aquellos objetivos que podemos alcanzar con mayor facilidad, bien sea ignorando las restricciones externas o confiando en que llevar a cabo una buena política «interna» bastará para transformar el mundo. Aunque este enfoque pueda parecer pragmático, es también profundamente derrotista. Por eso, cualquier análisis realista de nuestra situación debe reconocer que la mayoría de las herramientas verdaderamente efectivas para cambiar el mundo se encuentran en una segunda estrategia «externa»: aquellas acciones que trascienden los espacios que ya ocupamos y desbordan las relaciones interpersonales concretas.

## Sacar los martillos

Si seguimos el enfoque constructivo que defiendo en estas páginas, reconoceremos que la forma en que nos tratamos en los espacios de organización importa —y mucho—, sobre todo por cómo nos conecta con el resto del mundo. A fin de cuentas, la mayoría de las personas a las que tenemos que dirigirnos —y, con ello, la mayoría de las estructuras que buscamos transformar— se encuentra fuera de esos espacios concretos en que forjamos alianzas y afinamos nuestra forma de hacer política.

El PAIGC cometió muchos errores, pero acertó en esto: tanto la educación militante durante la lucha por la liberación como la construcción posrevolucionaria del sistema educativo formaban parte de un mismo esfuerzo. No se trataba simplemente de transformar la dinámica dentro de las aulas, sino de redibujar literalmente el mapa del mundo y alterar sus relaciones de poder, construyendo los espacios que garantizaran ese objetivo.

La crisis del agua en Flint, Michigan, ilustra tanto las posibilidades como los límites de refinar nuestra política en el sentido que se ha descrito hasta ahora. El Departamento de Calidad Medioambiental de Michigan (MDEQ por sus siglas en inglés) —un organismo gubernamental encargado de fomentar «comunidades saludables» que contaba con un equipo de cincuenta científicos altamente cualificados— fue cómplice de encubrir durante meses la magnitud y la gravedad de la crisis sanitaria que se desencadenó en 2014, cuando la ciudad cambió la fuente de alimentación del agua potable al contaminado río Flint.

Después de que la American Civil Liberties Union filtrara un informe interno de la Agencia de Protección Ambiental que expresaba una gran preocupación por la presencia de plomo en el agua, el MDEQ omitió intencionadamente dos muestras de agua contaminadas y elaboró un dosier falso que situaba los niveles de plomo dentro de los márgenes legales. Desde su posición de autoridad técnica y política, el MDEQ defendió el *statu quo* y señaló que «el agua de Flint [era] perfectamente segura para beber»; una declaración que el entonces alcalde de la ciudad, Dayne Walling, reprodujo posteriormente para «disipar mitos y aclarar la verdad sobre el río Flint».[204]

---

204 Merrit Kennedy, «Lead-Laced Water In Flint: A Step-by-Step Look at the Makings of a Crisis», *NPR*, 20 de abril de 2016, https://www.npr.org/sections/thetwo-way/2016/04/20/465545378/lead-laced-water-in-flint-a-step-by-step-look-at-the-makings-of-a-crisis.

Un mes después de que la fuente de alimentación cambiase, los vecinos comenzaron a denunciar que el agua de sus grifos presentaba una coloración anómala y desprendía un olor alarmante. Lo último que los ciudadanos de Flint necesitaban en ese momento era que alguien «denunciase» el atropello que sufrían, que lo convirtiese en un «foco de atención» o que lo adornase con la jerga académica más en boga. Tampoco les hacía ninguna falta que unos desconocidos empatizasen con ellos por el envenenamiento que estaban padeciendo. Todas esas reacciones pueden conseguirse con la política de la deferencia y no son en absoluto desdeñables, pero resultan secundarias. Lo que los residentes de Flint necesitaban, por encima de todo, era eliminar el plomo de su agua.

Y se pusieron manos a la obra. El primer paso fue construir una autoridad epistémica propia. Para ello, crearon un nuevo espacio que conectó a los vecinos y los activistas locales con científicos que disponían de laboratorios y herramientas para realizar las pruebas necesarias y demostrar que el informe del MDEQ era fraudulento.

El clamor de los residentes de Flint ante los envenenamientos logró atraer a algunos científicos a su causa. Estos nuevos aliados impulsaron una campaña de ciencia ciudadana, dieron la voz de alarma sobre la calidad del agua y distribuyeron kits de muestreo entre los vecinos para que pudieran analizarla por sí mismos. La alianza entre residentes y científicos dio fruto: el envenenamiento de los niños de Flint se convirtió en un escándalo nacional.

Sin embargo, esta victoria en el terreno de la narrativa pública fue solo un primer paso. El segundo —la descontaminación del agua— exigía mucho más que el reconocimiento estatal de que, en efecto, existía un problema:

requería la asignación concreta de recursos y de mano de obra para reparar el sistema hídrico y abordar los persistentes problemas de salud.

Lo que los residentes de Flint recibieron, al principio, fue una mezcla de tópicos y burlas por parte de la élite gobernante (incluido el presidente de EE. UU., cuya identidad racial —compartida con muchos de los residentes de Flint— no impidió su indiferencia). Sin embargo, el activismo de la comunidad y su creciente red de alianzas han logrado nuevas y significativas victorias. Mientras escribo estas líneas, la campaña sigue avanzando: la sustitución de las peligrosas tuberías de suministro de agua se encuentra ya en su fase final y el Estado de Michigan se ha visto obligado a llegar a un acuerdo para pagar seiscientos millones de dólares a las familias afectadas.

Este desenlace no representa una victoria total. Los honorarios de los abogados consumirán una parte considerable de las indemnizaciones, y el acuerdo no puede reparar el daño que los residentes ya han sufrido.

De hecho, ninguna orientación epistémica puede, por sí sola, eliminar las numerosas asimetrías de poder entre el pueblo y el sistema estatal imperial. Pero una política constructiva como la que los residentes de Flint pusieron en marcha puede contribuir a que se equilibren mínimamente las reglas del juego. La epistemología de la deferencia, en cambio, tropieza con serias dificultades incluso para alterar su superficie.

### Construir una nueva casa

Lo que podemos lograr en nuestras organizaciones, barrios, departamentos académicos o partidos políticos tiene un alcance limitado. Acertar con la dinámica interna de nuestros movimientos, comunidades, grupos de amistades y redes sociales resulta importante, pero también es esencial que nos preguntemos cómo se articula ese trabajo interno con otras luchas de mayor alcance.

El capitalismo racial es un sistema global, y tanto el ritmo como la dirección de la crisis climática que ha generado dependerán de nuestros aciertos y fracasos en esa misma escala planetaria.[205]

El enfoque constructivo aborda este desafío de manera clara: tanto en contextos reducidos como en grandes instituciones, nuestro objetivo político principal debe consistir en construir, construir y construir: ya se trate de instituciones, normas u otras herramientas necesarias. Como acabamos de ver, los residentes de Flint crearon una estructura de ciencia ciudadana para enfrentarse al MDEQ. No se trata de un caso aislado, sino de un ejemplo de estrategia que puede reproducirse a distintas escalas, en diversos ámbitos y lugares: incluso las decisiones públicas que exigen conocimientos técnicos e investigación

---

205 Olúfẹ́mí O. Táíwò y Liam Kofi Bright, «A Response to Michael Walzer», *Dissent Magazine* (blog), https://www.dissentmagazine.org/online_articles/a-response-to-michael-walzer; Robin D. G. Kelley, «What Did Cedric Robinson Mean by Racial Capitalism?», *Boston Review*, 12 de enero de 2017, https://bostonreview.net/race/robin-d-g-kelley-what-did-cedric-robinson-mean-racial-capitalism; Yousuf Al-Bulushi, «Thinking Racial Capitalism and Black Radicalism from Africa: An Intellectual Geography of Cedric Robinson's World-System», *Geoforum*, 31 de enero de 2020, https://doi.org/10.1016/j.geoforum.2020.01.018.

especializada pueden desarrollarse de forma significativamente democrática y participativa.[206]

Al igual que la teoría del punto de vista, ese *ethos* constructivo puede parecer evidente, al menos en un plano abstracto. Sin embargo, tiene serios competidores. Por ejemplo, hay personas y organizaciones que solo practican una política de oposición. Muchas identidades políticas se definen casi por completo en función de aquello a lo que se oponen: ser «anticapitalista», «estar en contra del sistema de prisiones» o «antirracista». Y, desde luego, es crucial oponerse al racismo, al capitalismo y al encarcelamiento indiscriminado. Ahora bien, la larga historia de la humanidad demuestra que incluso el éxito en esa oposición no garantiza un futuro justo. Ninguno de esos sistemas de opresión —al menos en sus formas modernas— tiene más de un milenio de antigüedad. Y, especialmente en la historia reciente, lo más habitual ha sido que una forma de opresión sea sustituida por otra diferente, similar o incluso peor.

Pero quizá queramos hacer algo más que emprenderla a martillazos con las lógicas de la injusticia. Si el objetivo que perseguimos es algo más que cambiar el color de las cadenas que llevan nuestros hijos, habrá que luchar no solo contra unos casos concretos de opresión, sino

206  Ole F. Norheim *et al.*, «Difficult Trade-Offs in Response to COVID-19: The Case for Open and Inclusive Decision Making», *Nature Medicine* 27, n.º 1 (1 de enero de 2021): 10-13, https://doi.org/10.1038/s41591-020-01204-6; Kyle Powys Whyte y Robert P. Crease, «Trust, Expertise, and the Philosophy of Science», *Synthese* 177, n.º 3 (2010): 411-25; Gabriele Contessa, «It Takes a Village to Trust Science: Towards a (Thoroughly) Social Approach to Social Trust in Science» (ponencia inédita), 2021.

también contra las estructuras que los hacen posibles. De ahí que Ruth Wilson Gilmore insista en que «la abolición consiste en la presencia, no en la ausencia», y que su colega abolicionista Micah Herskind defina la abolición como «un proyecto doble que pretende derribar y construir; desmantelar los sistemas que drenan cualquier signo de vitalidad y construir aquellos que dan vida».[207] Estas ideas están, además, en consonancia con la ética anticolonial del militante del PAIGC Amílcar Cabral, cuya visión —según el activista keniano Firoze Manji— puede sintetizarse de la siguiente manera: «autodeterminación, no secesión».[208]

Un enfoque constructivo de la política y de lo político implica construir poder tanto en el plano institucional como a través de redes y nuevas conexiones. Algunas de estas redes operan al margen de las instituciones globales dominantes, como las prácticas colectivas e informales de ayuda mutua que los pueblos negros y otros colectivos han preservado durante siglos.[209] Sin embargo, muchas

---

207 Micah Herskind, «Some Reflections on Prison Abolition after #MUMI», *Medium*, 23 de septiembre de 2020, https://micahherskind.medium.com/some-reflections-on-prison-abolition-after-mumi-5197a4c3cf98.

208 Firoze Manji, «Amilcar Cabral and Ken Saro-Wiwa: Their Commonalities on Culture and the Struggle for Freedom», *Ukombozi Review* (blog), 6 de septiembre de 2020, https://ukombozireview.com/blog/amilcar-cabral-and-ken-saro-wiwa-their-commonalities-on-culture-and-the-struggle-for-freedom/.

209 Caroline Shenaz Hossein, *The Black Social Economy in the Americas: Exploring Diverse Community-Based Markets* (Springer, 2017); Caroline Shenaz Hossein, «Daring to Conceptualize the Black Social Economy», en *The Black Social Economy in the Americas* (Springer, 2018), 1-13; Jessica Gordon Nembhard, *Collective Courage: A History of African American Cooperative Economic Thought and Practice* (University Park: Penn State Press, 2014).

de las instituciones que necesitamos son motores reconocidos y probados del progreso social. Es el caso, por ejemplo, de los sindicatos, que permiten a los trabajadores negociar colectivamente sus condiciones laborales y salariales: unas luchas fundamentales que determinan las condiciones económicas y sociales de millones de personas. Pero el potencial político de los sindicatos va mucho más allá de los salarios y las prestaciones. Cuando se organizan, los trabajadores pueden utilizar su influencia para alcanzar objetivos más amplios, y a lo largo de la historia han demostrado, en múltiples ocasiones, que son capaces de conseguirlo.

En Estados Unidos, los sindicatos desempeñaron un papel crucial en el desmantelamiento del sistema de segregación racial que institucionalizaron las leyes Jim Crow y en el desarrollo del concepto y la práctica de la «transición justa», cuya finalidad es reubicar a los trabajadores de aquellas industrias que son perjudiciales para el medioambiente en sectores más beneficiosos para la sociedad.[210] Del mismo modo, una valiente huelga de trabajadores, reprimida con gran violencia por la policía colonial, fue el catalizador de la victoriosa lucha anticolonial del PAI-GC.[211] Más recientemente, los sindicatos de Egipto, Argelia y Kuwait han combatido las prohibiciones y la represión, y han forzado a realizar ciertas concesiones a los regímenes

---

210 Joe William Trotter Jr., *Workers on Arrival: Black Labor in the Making of America* (Berkeley: University of California Press, 2019); Olúfẹ́mi O. Táíwò y Dylan Plummer, «Just Transition: Learning From the Tactics of Past Labor Movements», *The Trouble*, 12 de octubre de 2020, https://www.the-trouble.com/content/2020/10/12/just-transition-learning-from-the-tactics-of-past-labor-movements.
211 Urdang, «Fighting Two Colonialisms».

responsables de los abusos que desencadenaron la Primavera Árabe de 2011 y a los que los sucedieron.[212]

Algunas de las instituciones que necesitamos construir pueden resultar menos familiares. En 2013, un grupo de activistas lanzó la campaña «Rolling Jubilee», financiada colectivamente con el objetivo de cancelar más de treinta millones de dólares en deudas médicas, estudiantiles y préstamos de todo tipo. La coalición dio lugar a un sindicato de deudores llamado Debt Collective.

Solo en Estados Unidos, la deuda estudiantil asciende a 1,7 billones de dólares, lo que, según el Debt Collective, representa una posible vía de apalancamiento sobre el sistema financiero global por ese mismo valor si se organiza adecuadamente.

Infinidad de organizaciones que luchan por la justicia en materia de vivienda, desde colectivos de okupación hasta sindicatos de inquilinas, se oponen a los dictados del capital en los mercados inmobiliarios a lo largo y ancho del globo.[213] Como han señalado los miembros de Debt Collective, todos estos grupos —tanto los más tradicionales como los emergentes— pueden convertirse en

212 Anthony Faiola, «Egypt's Labor Movement Blooms in Arab Spring», *The Washington Post*, 25 de septiembre de 2011, https://www. washingtonpost.com/world/middle-east/egypts-labor-movement-blooms-in-arab-spring/2011/09/25/gIQAj6AfwK_story.html; «The Arab Spring and Independent Trade Unions: High Hopes and New Challenges—ITUC Survey of Violations of Trade Union Rights», Survey of Violations of Trade Union Rights, https://survey.ituc-csi.org/The-Arab-Spring-and-independent.html?lang=en; Urdang, «Fighting Two Colonialisms».
213 Dominika V. Polanska, Hannes Rolf y Scott Springfeldt, «Tenants Organizing: Precarization and Resistance», *Radical Housing Journal* 3, n.º 1 (2021): 121-29.

aliados estratégicos. Un ejemplo destacado es la exitosa revuelta de los habitantes de Cochabamba (Bolivia) contra la privatización del sistema de agua de la ciudad por parte de la multinacional estadounidense Bechtel: un movimiento que combinó huelgas generales con tácticas de guerrilla para mantener el control público sobre los bienes comunes.[214]

Pero un enfoque constructivo de la política exige que establezcamos formas de poder expansivas, que abarquen todos los aspectos de la vida social y vayan más allá del ámbito del trabajo. Esto resulta especialmente relevante en la era digital. Una de las amenazas clave de esta última etapa del capitalismo racial es la erosión de las bases prácticas y materiales del poder popular sobre la producción y distribución del conocimiento. La apropiación y corrupción de estas bases por parte de élites bien posicionadas —en particular de las empresas tecnológicas— avanza sin descanso y con escasa oposición.

Asistimos a la monopolización corporativa de los medios sociales y de las noticias locales, a la destrucción sistemática de la profesión periodística y al dominio creciente de los intereses de las élites en la producción de conocimiento académico, tanto en las universidades como en los centros de investigación. Sin embargo, la historia del periodismo de investigación más combativo, de la prensa abolicionista y de las campañas de concienciación y educación política demuestra que construir redes informativas

214 Jim Shultz, «The Cochabamba Water Revolt and Its Aftermath», en *Dignity and Defiance* (Berkeley: University of California Press, 2009), 9-44; Debt Collective, *Can't Pay, Won't Pay: The Case for Economic Disobedience and Debt Abolition* (Chicago: Haymarket Books, 2020).

puede fomentar una acción política eficaz y contener la violencia del sistema. Muchas personas trabajan hoy para desarrollar iniciativas equivalentes en el siglo XXI: construyen mecanismos sólidos para que se desarrolle un periodismo más comprometido, promueven el uso de redes sociales alternativas y fortalecen la capacidad investigadora de organizaciones de izquierda. Estas iniciativas merecen nuestro apoyo y lo necesitan.

La puesta en marcha de nuevas normas y procedimientos puede contribuir a que las iniciativas que acabo de mencionar sean sostenibles en el tiempo y se mantengan en la dirección correcta. Sin embargo, los libros blancos tienen un alcance por lo general muy limitado a la hora de restringir las culturas organizativas tóxicas. Se requiere una reflexión más holística e integral.

En un discurso en el que comparaba los objetivos y estrategias de distintos movimientos sociales foráneos con las luchas antiimperialistas que él mismo lideraba contra el Imperio portugués, Cabral afirmó que «la liberación nacional es necesariamente un acto de cultura».[215] Al mencionar la palabra *cultura*, Cabral no estaba insinuando que un inventario cuidadosamente elaborado de fórmulas de cortesía, comidas típicas o vestimentas folclóricas pudiera, por sí solo, derrotar a las fuerzas militares de un imperio fascista.

La cultura, según Cabral, es «la vigorosa manifestación en el plano ideológico o idealista» de los pueblos, «un producto de su historia». No se trata, sin embargo, de

---

215 Amilcar Cabral, «National Liberation and Culture», en *Return to the Source* (Nueva York: Africa Information Service, 1973), 39-57.

una fuerza ideológica pasiva ni de un simple cúmulo de modas o preferencias heredadas de tendencias pasadas o presentes. Para Cabral, la cultura es también «un determinante de la historia, por la influencia positiva o negativa que ejerce en la evolución de las relaciones entre el hombre y su medio». Por eso insistía en que la dominación imperialista «solo puede mantenerse mediante la represión permanente y organizada de la vida cultural de los pueblos sometidos». Al fin y al cabo, si una población ha estado históricamente acostumbrada a organizar por sí misma aspectos significativos de su vida colectiva, esa misma población —una vez colonizada— tenderá, tarde o temprano, a reclamar de nuevo el control total sobre su existencia. De esta pulsión inevitable son muy conscientes los imperialistas más perspicaces. En este sentido, Cabral sostenía que la lucha por la liberación nacional constituye «la expresión política organizada de la cultura del pueblo que emprende la lucha».[216] Por tanto, nuestras normas culturales deben ser sometidas a la misma evaluación crítica que aplicamos a nuestros objetivos y aspiraciones más amplios: «Lo importante es proceder al análisis crítico de las culturas africanas en relación con el movimiento de liberación y con las exigencias del progreso». En otras palabras, debemos evaluar nuestra cultura de forma instrumental, juzgándola por su capacidad para contribuir a la construcción de aquello a lo que aspiramos.[217]

216 Cabral, «National Liberation and Culture», 40-41, 43.
217 Cabral, «National Liberation and Culture», 51-52.

Una cultura política constructiva prioriza los resultados por encima del proceso y prefiere alcanzar objetivos concretos antes que limitarse a evitar la complicidad con la injusticia o a promover principios meramente morales o estéticos.

En lo que respecta al conocimiento y a la información, el énfasis debería situarse en la creación de instituciones y prácticas eficaces a la hora de recopilar, filtrar e intercambiar información relevante para una campaña concreta y no en «poner el foco» sobre determinados grupos sociales o sobre los portavoces que los representan. Del mismo modo, nuestros programas deben orientarse a la redistribución efectiva de los recursos sociales y del poder en vez de conformarse con conseguir visibilidad, atención o avances meramente simbólicos.

Debemos centrarnos en construir y reconstruir espacios, no simplemente en regular el tráfico dentro de ellos o entre ellos. Se trata de un proyecto cuya finalidad es reconfigurar nuestra realidad y recomponer estructuras de conexión y movilidad social, no criticar las ya existentes.

Este enfoque debe desplegarse en múltiples escalas: desde luchas locales, como el control comunitario de la tierra, la vivienda o la energía, hasta campañas de naturaleza universal, como la cancelación de la deuda en el sur global. Estas batallas, especialmente cuando adquieren una dimensión planetaria, abren la posibilidad de una renovación profunda del sistema social de todo el mundo y nos ofrecen la oportunidad de reconstruir la casa común.

## 5. Lo importante es transformar el mundo

Karl Marx escribió en 1880 una de sus frases más célebres: «Los filósofos no han hecho más que interpretar de diversos modos el mundo, pero lo importante es transformarlo».[218] Al fin y al cabo, no importa a quién *pongamos en el centro* de los pensamientos y mensajes de nuestra cultura política y organizativa: seguirá habiendo plomo en el agua hasta que cambiemos las tuberías.

Más de un siglo después, y con un océano de por medio, la activista e intelectual afroguyanesa Andaiye lanzó una advertencia similar: «Los viejos cimientos están desmoronándose —señaló— y todavía no se han imaginado otros nuevos».

218 Karl Marx, «Theses on Feuerbach», *Marx-Engels Selected Works*, vol. 1 (Moscú: Progress Publishers, 1969), 13-15.

No soy el único que percibe una afinidad entre estas líneas de pensamiento: no en vano, Alissa Trotz, editora de la colección de ensayos de Andaiye donde encontré esta cita, tituló el libro *The Point Is to Change the World* [Lo importante es cambiar el mundo] e incluyó la undécima tesis de Marx sobre Feuerbach como epígrafe.[219]

Pero, mientras que el comentario de Marx sintetiza la disputa histórica sobre el sentido de la labor filosófica en cualquier época, el de Andaiye nos invita a reflexionar sobre la vigencia del pensamiento crítico en el presente.

Andaiye nació el 11 de septiembre de 1941 en Georgetown, capital de lo que entonces era la Guayana Británica. Con la aprobación del presidente John F. Kennedy, la CIA conspiró para manipular las elecciones del país, que estaba a punto de alcanzar la independencia, y para perjudicar al candidato indoguayanés Cheddi Jagan —que era abiertamente comunista— en favor de Forbes Burnham, un político al que se consideraba moderado. El gobierno de Burnham, que el historiador guyanés Clem Seecharan define como una dictadura, se prolongaría durante dieciséis años.[220]

Mientras el país se sumía en lo que Seecharan describe como «una guerra racial encubierta entre africanos e indios», la joven Andaiye se volcó en su educación y en el estudio de la política radical. Cursó estudios en la University of the West Indies junto a su compañero y futuro

---

219 Andaiye, «The Contemporary Caribbean Struggle», en *The Point Is to Change the World: Selected Writings of Andaiye*, Alissa Trotz, ed. (Londres: Pluto Press, 2020).

220 Clem Seecharan, «Foreword», en Andaiye, *The Point Is to Change the World*.

camarada Walter Rodney y más tarde impartió clases en un programa dirigido a «estudiantes desfavorecidos» en Estados Unidos. Al regresar a su país, abrazó una política profundamente feminista y marxista basada en la idea de la solidaridad. Entre sus múltiples vínculos con organizaciones guyanesas destacan las que estableció con el colectivo de mujeres Red Thread y con la Working People's Alliance.

En 2009, cuando fue invitada a pronunciar un discurso de graduación en su *alma mater*, Andaiye ya era una activista con una vasta trayectoria, capaz de distinguir lo verdaderamente relevante en el análisis político. Y cuando afirmó que «los viejos cimientos est[aban] desmoronándose y todavía no se ha[bían] imaginado otros nuevos», no se refería a la estructura del análisis filosófico ni a los patrones del discurso político. Hablaba del clima.

Andaiye continuó explicando que «las viejas suposiciones sobre los patrones climáticos y cómo estos determinan las principales ocupaciones económicas ya no [eran] válidas».[221] Las catástrofes climáticas en el Caribe iban en aumento. En aquel momento, el cambio climático podía parecer un problema menor en los países más grandes, con economías avanzadas, pero para los pequeños Estados insulares del Caribe, la emergencia ecológica representaba ya una crisis existencial. En 2005, su país de origen perdió el equivalente al 60% de su producto interior bruto en una sola inundación que afectó a tan solo cuarenta de sus más de trescientos kilómetros de costa.[222]

221 Andaiye, «Contemporary Caribbean Struggle».
222 Global Facility for Disaster Reduction and Recovery, «Stories of Impact: Communicating Flood Risk Along Guyana's Coast - Guyana». *ReliefWeb*, 3 de noviembre de 2016, https://reliefweb.int/report/guyana/stories-impact-communicating-flood-risk-along-guyana-s-coast.

La crisis ecológica está intensificando formas y expresiones de injusticia profundamente arraigadas en la economía global. Por ejemplo, tras las inundaciones en Guyana, las mujeres que trabajaban en el ámbito de los cuidados y las agricultoras de subsistencia se vieron obligadas a asumir cargas cada vez mayores.

El Tratado de Libre Comercio de América del Norte (NAFTA, por sus siglas en inglés) también exacerbó las injusticias de género: las mujeres fueron desplazadas de sectores como el manufacturero al doble de velocidad que los hombres, lo que incrementó su ya desproporcionada presencia en el precario sector informal. En Dominica, la gran mayoría de la población agrícola fue expulsada del sector formal, que ofrecía una relativa seguridad, hacia el informal. En paralelo, la violencia racial se intensificó en Guyana, la violencia policial se disparó en Jamaica y la violencia doméstica y sexual aumentó en toda la región.

Como señaló Andaiye, a causa de estas crisis los países caribeños se vieron obligados a recurrir a la única institución que podía proporcionarles cierto alivio económico: el Fondo Monetario Internacional. Y solicitaron su ayuda a pesar de que aún se notaban los efectos de las desastrosas políticas de ajuste que el FMI había impuesto en la década de 1960.

En respuesta, Andaiye hizo un llamamiento para encontrar soluciones más creativas: no se trataba de analizar con más precisión cuáles habían sido los fallos de la primera o de la segunda oleada de políticas públicas, sino de superar la falta de soluciones nuevas que había llevado al país a meterse en el atolladero que ya conocían. Lo que Andaiye pidió fue constructores.

Andaiye no estaba sola. En su influyente libro *Golden Gulag* [El gulag dorado], la académica abolicionista Ruth Wilson Gilmore señala una profunda ironía en el auge del sistema penitenciario de California, especialmente si se considera el histórico anticomunismo del capitalismo estadounidense: sus niveles récord de encarcelamiento se alcanzaron gracias a una estrecha coordinación entre empresas, banqueros y funcionarios públicos; es decir, mediante una suerte de «planificación central». Sin embargo, Gilmore también destaca algo significativo sobre la fructífera resistencia de algunas comunidades californianas, como la del condado de Tulane, donde un grupo de pequeños rancheros y trabajadores agrícolas —organizados en torno a la United Farm Workers— se opuso a la construcción de una prisión ya planificada. Pese a que carecían de la «pericia tecnocrática» de los banqueros y de los funcionarios estatales, los activistas propusieron el tipo de «criterios de planificación alternativos que deben preceder a cualquier decisión de (re)ubicación industrial», lo que Gilmore denomina «planificación de base».[223]

Tanto Andaiye como Gilmore coinciden en que planificar posibilita la creación de otros mundos. Así pues, la pregunta que un enfoque constructivo plantea es la siguiente: quién trazará esos planes, ¿ellos o nosotros?

### Lo que nos pide el enfoque constructivo

El enfoque constructivo de la política no exige que inventemos una cultura política desde cero. Al fin y al cabo, el

---

223 Ruth Wilson Gilmore, *Golden Gulag: Prisons, Surplus, Crisis, and Opposition in Globalizing California* (Berkeley: University of California Press, 2007), 176-78.

término *constructivo* no es más que una etiqueta. Muchas de las personas que nos precedieron —incluidas las que se mencionan en este libro— practicaron una política constructiva sin necesidad de denominarla así.

Un programa constructivo no nos pide ignorar nuestras necesidades interpersonales, simbólicas o materiales. Pero sí exige disciplina para conectar esas necesidades con las de la lucha global, con las de tantas otras personas —y generaciones— que aún no están presentes. Tras leer *Woman Power* [El poder de la mujer] de Cellestine Ware, Demita Frazier, del Combahee River Collective, recuerda haber concluido que es «un derecho y una responsabilidad» de las mujeres negras analizar su posición social como parte de una perspectiva radical más amplia.[224] Creo que deberíamos tomar ese ejemplo como inspiración.

El enfoque constructivo es, sin embargo, profundamente exigente. Nos insta a convertirnos en planificadores y en diseñadores, a ser responsables, empáticos y receptivos con quienes aún no están aquí. Además de ser arquitectos, nos pide que nos transformemos también en constructores y en obreros: que, en lugar de ponernos a especular sobre cuáles son los espacios colectivos ideales, trabajemos activamente para levantar aquellos que nos permitan sentarnos juntos. Ahora bien, para cerrar este libro es crucial reconocer que el enfoque constructivo también conlleva exigencias morales y emocionales: no es posible planificar ni construir un mundo mejor sin cultivar colectivamente diversas formas de disciplina moral y afectiva.

---

224 Keeanga-Yamahtta Taylor, *How We Get Free: Black Feminism and the Combahee River Collective* (Chicago: Haymarket Books, 2017), 117.

El enfoque deferente de la política merece reconocimiento por el interés y la atención que presta a la experiencia vivida, especialmente a aquellas existencias que han quedado marcadas por el trauma. Sin embargo, esa virtud puede volverse un vicio cuando se ignoran los efectos de «formar parte de un determinado espacio». También se convierte en un vicio cuando la importancia y la prevalencia del trauma se presentan como credenciales sociales positivas en lugar de abordarse, ante todo, como problemas que han de resolverse desde una perspectiva colectiva y global.

Aquí, mi análisis y mi argumentación académica flaquean. Lo que me queda por decir se apoya más en la convicción que en la contención. Pero la experiencia me ha enseñado que las convicciones, por distinta que sea la forma que adopten y la manera en que las asimilemos, siempre tienen algo que enseñarnos. Y por eso sigo adelante.

Me tomo especialmente en serio la preocupación por el trauma. Crecí en Estados Unidos: una nación estructurada por el colonialismo de asentamiento, la esclavitud racial y sus secuelas; atravesada por traumas colectivos e históricos. También crecí en una comunidad de la diáspora nigeriana a la que pertenecían muchas personas que aún conservaban en su memoria el recuerdo del genocidio.

A nivel nacional y comunitario, he observado rasgos de personalidad, manías, hábitos y patrones que, sospecho, han surgido de estas sombras históricas. Como la mayoría de la gente, yo tampoco he podido escapar a su influencia. Me he dado cuenta de cómo reacciono cuando siento que mi vida o mi dignidad están en peligro, cuando me enfrento al dolor más aplastante o a la humillación.

Reflexiono a menudo sobre esos momentos traumáticos y casi nunca me digo: «¡Qué lección tan valiosa!».

Esas experiencias pueden convertirse, con mucha suerte, en bloques de construcción. Pero lo que resulte de ellas depende de cómo se ensamblen esos bloques. Quienes estudian la epistemología llaman a esta idea la «tesis del logro». Como explica la filósofa Briana Toole, la ubicación social de una persona puede ponerla en posición de saber, pero el «privilegio epistémico» solo se alcanza mediante un esfuerzo deliberado que parte de esa posición.[225]

La humillación, la privación y el sufrimiento pueden acumularse, especialmente en el contexto de un esfuerzo deliberado y estructurado de «concienciación», como subraya Toole. Sin embargo, esas mismas experiencias también pueden destruir, y si tuviera que apostar por cuál de los dos efectos predomina, me inclinaría por este último.

Al contrario de lo que suele decirse, el dolor —sea o no fruto de la opresión— es un profesor lamentable. El sufrimiento es parcial, miope, ensimismado y autorreferencial. No deberíamos construir una política que espere un resultado diferente. La opresión no es una escuela.

Por muy exigente que sea el enfoque constructivo, el enfoque deferente lo es aún más, aunque de una forma mucho más injusta. Como advierte la filósofa Agnes Callard, el trauma (e incluso la ira justa y merecida que a menudo lo acompaña) puede corromper con la misma

---

225 Briana Toole, «From Standpoint Epistemology to Epistemic Oppression», *Hypatia* 34, n.º 4 (2019): 598-618; Briana Toole, «Demarginalizing Standpoint Epistemology», *Episteme* 1 (2020): 19.

facilidad con que puede ennoblecer.[226] Tal vez con mayor facilidad.

En última instancia, lo que creo con total honestidad sobre la política de la deferencia es que pide al trauma algo que este no puede ofrecer. Exige a quienes lo han padecido que carguen en solitario con responsabilidades que deberían ser compartidas colectivamente y les da una visibilidad que nos permite escondernos debajo o detrás de ellos.

Cuando pienso en mi propio trauma, no lo hago en términos de lecciones de vida. Pienso en una suerte de noble tranquilidad, en el alivio de haber sobrevivido. El simple hecho de que esas vivencias no supusieran el final de mi historia personal ya es, por sí solo, bastante poderoso. Todo lo que puedo esperar de ellas es que me hayan permitido seguir aquí para recordarlas.

También creo que la política de la deferencia nos pide que seamos menos de lo que somos, y ni siquiera en beneficio propio. Como señala el académico y activista Nick Estes en el contexto de la política indígena: «La trampa de la política del trauma es que reduce las luchas —ya se trate de la ciudadanía, racial o indígena, o de la pertenencia— a una cuestión de sufrimiento y a las personas, a la condición de víctimas: define a todo un pueblo en función del trauma que ha padecido y no en función de sus aspiraciones o de su pura humanidad». Esta representación no beneficia a los pueblos indígenas; más bien

---

226 Agnes Callard, «The Philosophy of Anger», *Boston Review*, 16 de abril de 2020, https://bostonreview.net/forum/agnes-callard-philosophy-anger.

«está pensada para el público blanco o para las instituciones de poder».[227]

Cuando pienso en mi trauma, también me viene a la
cabeza lo que dijo el gran escritor James Baldwin: que
las cosas que más le atormentaban «eran las mismas que
[le] conectaban con todas las personas que estaban vivas
o que habían vivido en el pasado».[228]

El hecho de haber vivido experiencias traumáticas, de
haber sobrevivido a abusos de distinta índole o de haber
estado al borde de la muerte —ya sea por accidente o a
causa de la violencia— no es una carta que jugar en el
terreno de la interacción social ni un arma que blandir
en la competencia por el prestigio personal. No es lo que
me otorga un derecho especial a hablar, a evaluar o a
decidir en nombre de todo un grupo. Es una manifestación concreta y vivida de la vulnerabilidad que comparto
con la mayoría de las personas en este planeta. No se
interpone entre los demás y yo como un muro, sino que
es un puente.

Avanzar juntas y juntos —esa política de solidaridad
que la deferencia intenta modelar de forma imperfecta—
es un buen punto de partida. Pero no basta por sí solo.
También debemos decidir colectivamente hacia dónde
queremos ir y, después, hacer lo necesario para llegar
hasta allí. Aunque partamos desde distintos niveles de
privilegio o (des)ventaja, este viaje no trata de determinar quién debe inclinarse ante quién, sino de encontrar

---

227 Nick Estes (@nickwestes), Twitter, 4 de septiembre de 2020, 16:40h,
   https://twitter.com/nickwestes/status/1301998637740851201.
228 Jane Howard, «Doom and Glory of Knowing Who You Are», *Life*, 24
   de mayo de 1963.

la mejor manera de unir fuerzas. Como Paulo Freire nos mostró en el plano de la teoría y tanto las luchas anti-coloniales africanas como la Revolución de los Claveles portuguesa nos mostraron en el de la práctica, nos necesitaremos mutuamente para llegar a nuestro destino. Y llegar allí es, al fin y al cabo, lo que de verdad importa.